ÁNGELES CAÍDOS

BEATRIZ ERLANZ

ÁNGELES CAÍDOS

BREVE INCURSIÓN A UNA
GALERÍA DE ESPEJOS SIN FONDO

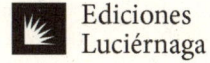
Ediciones
Luciérnaga

El diablo me sigue día y noche porque teme estar solo.

Francis Picabia

© del texto: Beatriz Erlanz, 2023.
© de las fotos de cubierta: rawpixel / Public Domain

Diseño de la cubierta: Planeta Arte & Diseño

Primera edición: abril de 2024

© Edicions 62, S.A., 2024
Ediciones Luciérnaga
Av. Diagonal 662-664
08034 Barcelona
www.planetadelibros.com

ISBN: 978-84-19996-17-6
Depósito legal: B. 19.622-2023

Impreso en España – *Printed in Spain*

SUMARIO

Espejo IX
MADDIE E ILLYANA, REINAS DE INFERNO

Espejo X
LENI

Espejo XI
CANAIMA

Introito

Hay ángeles de muchos tipos que, desde las grandes alturas de la gloria, han caído como bólidos resplandecientes sobrevolando nuestras cabezas. A veces chocando; en otras ocasiones, desapareciendo en el aire, volatilizados. Unos por propia elección, otros de manera involuntaria. Siempre fascinantes. En esta breve incursión por esta galería minúscula, solo ojearemos unos leves reflejos, aunque los espejos no tienen fondo, bien lo sabía Joan Perucho, y ya dependerá del lector una inmersión más profunda. Y siempre existirá el peligro de que devoren el alma, poco a poco, como una manifestación que la infesta, la posee y, finalmente, la destruye. Ese es el poder de algunas historias, pues actúan como demonios. Pero vosotros estáis protegidos, así lo ha trazado con sus hechizos Joan Rosell.

Solicito vuestro favor, sed indulgentes. Si os aburre el paseo, siempre podéis brincar al siguiente espejo, todos son distintos y revelan relatos inesperados. Su propósito es el simple entretenimiento, sin más pretensiones, aunque alguno resulte más tenebroso que otro, claro. Espero que disfrutéis.

ZARAGOZA, 30 DE SEPTIEMBRE DE 2022

MANTO PROTECTOR DE LUZ Y TINIEBLAS CONTRA LA MÁXIMA AMONESTACIÓN DEL MAL

Invocaremos el resguardo de nuestra alma y de nuestro envoltorio carnal. Clamaremos la protección y la salvaguardia. ¡Illapu y Santiago el Mayor! Que vuestros dos rostros, que son cinco, nos protejan de todo mal. Que el estruendo, el rayo y el relámpago velen por nosotros como lo hicieron tiempo atrás por los sabios aimaras. Invocamos a su vez a los lares, los mismos que con su mero pensamiento pasaron de ser uno a ser dos y muchos más. Proteged nuestro hogar de lo que pueda acontecer tras leer en estas páginas el último vestigio de toda descomposición. Imploramos a los manes, ayudadnos a los que somos sangre de la que fuera la vuestra, como hicisteis cuando la carne envolvía vuestra poderosa energía. Solicitamos a los genios el ardor de su velo protector, para que desde nuestra frente, donde habitan, preserven del enemigo nuestro lecho conyugal, *siue mas siue femina*. Ofrecemos harina y sal a los penates, como las ofreció el gran Eneas, para que nos prevengan de la total putrefacción y corrupto halo que los siguientes textos puedan dejar en nuestros hogares. Suplicamos a Pazuzu, gran rey de los demonios del viento, para que haga retornar a lo más profundo del infierno a cuantos demonios lleguen a nuestro hogar para mortificar y robar el alma de nuestros vástagos. Exhortamos a Tepeyóllotl, el gran jaguar, que nos aleje de todo mal acarreado por nuestro atrevimiento en este acto impío, y nos introduzca en caso necesario dentro de las salvaguardas, enseñanzas y liturgias del eco, los temblores y las montañas. Solicitaremos humildemente a su vez el auxilio de la resplandeciente Niña Blanca, que la protección de su guadaña, la sabiduría de su edad y el conocimiento

13

del tiempo, de lo que fue y lo que será, nos preserven de los peligros a los cuales nos aventuraremos desde el mismo momento que dejemos atrás este conjuro y nos adentremos en el mundo del mal. Amén.

JOAN ROSELL, BRUJO, ESCRITOR Y CHEF

PRÓLOGO

Beatriz Erlanz es un genio. Sin más. Podría dejarlo aquí y firmar el, quizá, prólogo más escueto de la historia. Pero no lo haré porque sería injusto. Me estaría quedando corto.

Recuerdo perfectamente cuando la conocí. Fue el 26 de junio de 2009, en la presentación de un libro en Vigo. El ufólogo Marcelino Requejo vestía de largo su primer trabajo literario, y le acompañaba el periodista J. J. Benítez. Allí conocí a toda la buena gente del SIPE zaragozano, incluyendo a la autora de este *Ángeles caídos*. Una de las primeras frases que crucé con ella, aquella tarde, fue para pedirle que me hiciera una foto posando junto a Benítez y el inclasificable Salvador Freixedo, también presente en el acto. Le di mi cámara y ella apretó el botón. Todo bien, salvo por el «irrelevante» hecho de que no le había quitado la tapa a la misma. La foto salió más negra que un cielo hurdano sin Luna. La odié por unos segundos, lo reconozco, pues tal oportunidad no se tiene todos los días. Mitómano que era uno... Después, ya sin tapa, pude hacerme la foto de nuevo fuera de la librería. Pero me dije: «Esta chica es tonta». Ay, que osados son los prejuicios... Durante el resto de aquel fin de semana gallego, hablé con ella de innumerables temáticas, y alucinaba escuchándola dialogar sobre todas y cada una de ellas con tal erudición que me dejaba casi sin habla y, por qué no decirlo, con cierto complejo de inferioridad, incluso en aquellos asuntos sobre los que, inocente de mí, pensé que sabía algo. Era una ametralladora de datos, una fuente de sabiduría sin fin, una enciclopedia pelirroja. Y me encandiló. Fue amor (intelectual) a primera charla.

Los años pasaron, y nuestra amistad se afianzó cada vez más. Hasta que caí en la cuenta de algo, para mí importante, hace cosa de un lustro. Yo, un juntaletras mediocre, había publicado ya un par de libros, y Beatriz todavía ninguno. Varios artículos y reportajes en revistas varias, sí. Pero de su primer largo editorial no había rastro. Me pareció vergonzoso, una blasfemia mayor que las que, en aparente nombre del protagonista de este tratado, se articulan contra su máximo adversario. De manera que, desde ese mismo instante, no paré en insistir a mi querida amiga para que se pusiera manos a las teclas con el fin de escribir su primera obra. Y lo conseguí. Estas líneas son buena muestra de ello. El libro es muy bueno, algo que no me sorprende viniendo de su autora. Ahora os toca a vosotros fascinaros con su prosa, su conocimiento y su buen hacer, como lo hice yo años ha. Hacedme caso. Si eres de los exigentes, no te defraudará este viaje que va desde la cultura pop más «demoniaca» a los entresijos menos divulgados de personajes tan dispares como Lovecraft, Lynch, Tolkien o Riefenstahl. Disfrútalo. Por la gloria de Satán.

Felicidades, Beatriz. Y que escribas muchos más.

DAVID CUEVAS

ESPEJO I

Pacto con el diablo

Manifestatio

Si hay motivo cultural que se ha ido repitiendo a lo largo de los siglos en la tradición cristiana, ese es el del pacto con el diablo, también llamado pacto fáustico. El demonio no cayó solo, y siempre está ansioso de compañía, por lo que desear que otros caigan no es sino parte de su misión vital. ¿Y qué mejor manera de caer que repetir la jugada de Lucifer? Tomar el cielo por asalto o, como se expone en el relato *El pueblo blanco* (1904), del autor galés Arthur Machen: «La voluntad de penetrar de manera prohibida en otra esfera más alta». Esa es la esencia pura del pecado. Y en eso consiste un pacto con el diablo, en querer acceder de manera irregular y antinatural a un poder superior, siendo además a cambio de la dádiva sagrada de Dios al hombre: su alma.

Eterna juventud, riquezas inagotables, fama, poder, conocimientos fuera del alcance del humano común..., lo que el futuro caído requiere varía según sus pretensiones, pero suele implicar sacrificar valores espirituales por una ganancia material. Aunque también, simplemente, se trata de mero vasallaje a Satán sin pedir nada a cambio. Puede ser un pacto oral o escrito, pero siempre deja una señal en el cuerpo, la marca del diablo. Si es escrito, la sangre del solicitante es imprescindible para firmarlo. El contrato demoníaco exige, por supuesto, una ceremonia, porque según el demonio invocado, es necesario un mes específico, un día de la semana concreto y una hora del día, así como una ubicación propicia.

Y según se ha ido recopilando, con el paso del tiempo, puede demandar también desde sacrificios de inocentes, como bebés recién nacidos, participar en aquelarres sexuales con íncubos o súcubos de invitados y otras fantasías más propias de inquisidores que de un posible pacto auténtico.

En la tradición, el pacto suele acabar mal para el humano, con su condena eterna y una lección moral para los demás; sin embargo, en ocasiones puede aparecer un giro cómico, con el que se consigue burlar al diablo de manera temporal. Pero al diablo no le gusta perder y es muy listo.

Hay numerosas leyendas que han plasmado desde la antigüedad este tipo de contratos sobrenaturales, casi siempre basadas en personajes históricos que destacaron de forma insólita y a quienes se les atribuyó una influencia diabólica. El islandés Sæmundur Sigfússon, *el Sabio* (1056-1133) es uno de los sujetos más precoces al que se le achaca un pacto satánico. Sacerdote, erudito y poeta, se trata de una figura destacada de la literatura naciente islandesa, y es protagonista de diversas historias, la mayoría de tono jocoso, en las que consigue engañar al diablo después de haber realizado un pacto con él. Antes que el islandés, fue un papa el que se ganó la fama de esclavo de Satanás: Silvestre II (945-1003). Nacido en Auvernia, viajó hasta las entonces musulmanas Córdoba y Sevilla para instruirse en disciplinas que en la cristiandad no se conocían. Teólogo, filósofo, matemático e inventor, fue un adelantado a su tiempo, un auténtico polímata, y por ello, sospechoso. Los relatos fantásticos en torno al *papa del año 1000* son innumerables; uno de los más curiosos es el de haber hecho un pacto con un súcubo llamado Meridiana, con quien vivió en concubinato hasta su fallecimiento.

Menos simpático fue el final del escocés John Fian (fallecido en 1591), que, bajo tortura, confesó detalladamente haber hecho un pacto con el diablo. Maestro de escuela y médico, fue acusado de brujería manifiesta, de hechizar a otros ciudadanos y de provocar tormentas para hundir la flota naval del rey Jaime VI de Escocia. Fue estrangulado y quemado en el castillo de Edimburgo, a pesar de que se había retractado de sus declaraciones.

Pero no solo personas han sido protagonistas de este tipo de acuerdos, el extraordinario manuscrito medieval *Codex Gigas* (siglo XIII) posee su propia leyenda. Y esta cuenta que un monje benedictino rompió sus votos y fue condenado a ser emparedado vivo. Para librarse de tal espantosa muerte, prometió hacer en una sola noche un volumen tan espléndido que honraría a su monasterio para siempre. Sin embargo, no podía realizar un cometido tan monumental en tan pocas horas, así que rezó a Lucifer pidiéndole ayuda a cambio de su alma. Este finalizó el libro y el monje añadió en agradecimiento una figura del demonio. Y ahí aparece en una página entera, de manera que el *Codex Gigas* se ganó el nombre también de Biblia del diablo.

La leyenda del holandés errante, que tuvo su adaptación operística en 1843 gracias a Richard Wagner, es posible que tenga su origen en la era dorada de expansión de la Compañía Neerlandesa de las Indias Orientales, en el siglo XVII. La maldición del buque fantasma, condenado a navegar sin fin por los océanos del mundo, parece que se inspiró en el capitán frisón Bernard Fokke. Este marino era capaz de realizar el viaje desde los Países Bajos hasta Java en un tiempo inimaginable para la época (tres meses y cuatro días), por lo que se le presupuso el consabido pacto con el diablo.

Con todo, una de las leyendas más influyentes y con más trascendencia en el tema al que nos referimos sigue siendo la de Teófilo de Adana (muerto c. 538). También conocido como Teófilo *el Penitente*, este santo cristiano del Imperio bizantino era un archidiácono poco satisfecho con su posición eclesiástica. Según cuenta la leyenda, fue elegido obispo, pero su natural modestia lo llevó a no aceptar el puesto. El nuevo obispo, prestando atención a unos rumores maliciosos, lo destituyó, de modo que Teófilo, muy disgustado, decidió acudir a un nigromante para que lo ayudara a contactar con Satanás. Quería no solo recuperar su antigua posición, sino ser obispo, y el diablo accedió a su petición a cambio de que abjurara de la Virgen María y de Cristo, y lo confirmara en un contrato escrito con su propia sangre. Y Teófilo fue obispo. Sin embargo, con el tiempo se arrepintió de su pacto con el demonio. Ayunó durante cuarenta días y pidió a la Virgen María que intercediera por él para lograr el perdón de Dios. La Virgen se le apareció y tras otros treinta días de ayuno, le aseguró la absolución. Pero Satán no iba a permitir que se le escurriera la presa, así que le dejó sobre el pecho mientras dormía el contrato funesto. Teófilo, angustiado, llevó el contrato al obispo legítimo, haciéndole partícipe de su situación. Este, compadecido, quemó el contrato librando a Teófilo de su condena.

Esta leyenda, que aparece atestiguada en varias ocasiones a lo largo de la Alta Edad Media y se encuentra representada en el tímpano de la fachada norte de la catedral de Notre Dame de París (1163-1345), es el germen del que brotaría siglos más tarde el pacto demoníaco más célebre de la historia, el de Fausto.

¿Existió realmente Fausto? Como figura histórica parece que no hay duda, aunque en varios momentos se llegó a dudar de ello. La cuestión es que surgen varios candidatos. O entre todos esos candidatos luego se formó el Fausto legendario. Pero casi desde un inicio fue difícil distinguir los hechos históricos de los rumores y la leyenda. Con el sobrenombre de Faustus o Faust aparecen dos magos itinerantes en la Alemania del Renacimiento: Johann y Georg. Existen dos fechas de nacimiento y dos lugares de origen diferentes: 1466 y 1480; Knittlingen y Helmstadt, cerca de Heidelberg. Georg estuvo activo desde 1505 a 1515 y Johann en la década de 1530.

Durante treinta años tenemos, pues, registros escritos de las andanzas por el sur de Alemania de un tal Faust que se presentaba como alquimista, doctor en Filosofía, mago, astrólogo y médico. Casi siempre como acusado de fraude y de estar en confabulación con el diablo. El gran Tritemio, maestro de Paracelso y Cornelio Agripa de Nettesheim, se hizo eco de sus correrías en una carta de 1507, donde advertía a su receptor de las blasfemias en las que incurría. Consideraba a Johann Georg Sabellicus Faust un nigromante estafador que se aprovechaba de los ignorantes y los crédulos, pues afirmaba poder realizar todos los milagros de Cristo. Comentaba Tritemio también que a este truhan se le ofreció un puesto de profesor en Sickingen, de donde tuvo que huir tras ser acusado de sodomía y de abusar de sus alumnos.

A lo largo de los años hasta la fecha de su fallecimiento en 1540-1541 cerca de Wittenberg, su notoriedad no paró de crecer. Fue expulsado de varias ciudades, y en la Universidad de Erfut hizo aparecer los espíritus de los héroes de la Ilíada y la Odisea mientras impartía una conferencia sobre Homero. El teólogo franciscano y predicador de la catedral de la ciudad, Konrad Klinge, exigió que se arrepintiera de sus actos, pero Faust se negó, aduciendo que había realizado un pacto con el diablo y que confiaba más en él que en Dios. Muchas más anécdotas fueron recogidas, como hacer aparecer de la nada vino en la mesa de una taberna en Leipzig o hacer extrañas predicciones, que luego se cumplieron, al obispo de Münster. Viajaba siempre con un perro y un caballo, y el perro a veces se convertía en su sirviente. Incluso su muerte resultó una conmoción: una explosión en un experimento alquímico fallido. Su cuerpo quedó tan destrozado que pronto corrió el rumor de que lo había descuartizado el diablo, dejando partes de él hundidas en estiércol y los ojos pegados a una pared.

Ya de manera póstuma y de acuerdo con el tipógrafo Johannes Manlius, Faust era conocido personal del padre de la Reforma luterana Felipe Melanchthon (1497-1560), fue el responsable de las victorias militares en Italia del emperador Carlos V y estudió magia en la Universidad de Cracovia. Existen muchas más patrañas mezcladas con hechos verídicos sobre Faust, como que era fruto de la relación incestuosa entre el rey Vortigern de Britania y su propia hija, lo que hace imposible la tarea de distinguir realidad de ficción. Sin embargo, la afirmación de su estancia en Cracovia conecta directamente con un tercer personaje histórico, también rebozado en abundante fantasía popular: Pan Twardowski. Aunque este es el nombre que nos ha legado el folclore polaco, se trataría de un noble alemán del siglo XVI, nacido en Núremberg, que estudió en Wittenberg antes de acudir a Cracovia. Como Faust, Twardowski es bien conocido en Polonia y los países eslavos por ser un mago que vendió su alma a Satán. Sus habilidades mágicas eran tan célebres, que el rey Segismundo II lo llamó a la corte para que invocara el espíritu de su recién desaparecida esposa, la reina Bárbara Radziwiłł. La leyenda narra que el diablo le había otorgado poder, conocimientos y destrezas sobrenaturales a cambio de su alma, que solo podría reclamar cuando Twardowski estuviera en Roma. El demonio cumplió su parte con creces, incluso le dictó dos libros, una enciclopedia y un libro de magia; y parecía que Twardowski iba a librarse de

entregar su alma cuando Satán lo atrapó con una sencilla triqui-
ñuela: el mago, sin percatarse, se alojó un día en una posada
llamada *Rzym,* Roma en polaco. Cuando Satán lo estaba llevan-
do a las tinieblas, Twardowski rogó a la Virgen María que lo
ayudara, y esta lo salvó. Sin embargo, como se hallaba a medio
camino del infierno, cayó en la Luna, que es donde permanece
hasta ahora junto con un sirviente que había convertido en araña. Esta araña, de vez en cuando, baja a la Tierra para llevar
luego noticias a su señor.

¿Fue Pan Twardowski en realidad Faust? ¿O viceversa? Los
paralelismos son evidentes, además de que existe una sincronici-
dad clara. ¿Influyó la leyenda polaca en la alemana o fue al revés? En ambas, no obstante, Teófilo de Adana planea como un
buitre. Y ambas figuras han sido la inspiración de numerosas
obras artísticas que han terminado de pulir el personaje y hacerlo inmortal. A lo largo de los siglos, nos han servido para aprender cómo ha ido evolucionando el personaje y su pacto con el
diablo.

Al Fausto histórico se le han atribuido más de una decena de
grimorios, la mayoría de ellos datados artificialmente para ha-
cerlos contemporáneos del supuesto autor, pero cuya fecha original de publicación coincide con el progreso de la *Volksbuch* o
literatura popular, a finales del siglo XVI. De modo que la primera vez que se imprimió la leyenda del doctor Faust fue en 1587,
gracias al librero Johann Spies. Muy pronto fue traducido al
inglés y llegó a las manos de Christopher Marlowe, que la convirtió en una ilustre obra de teatro titulada *La trágica historia
del doctor Fausto* (1604). Así pues, regresó a Alemania, como
obra de teatro, que entre el pueblo mutó a comedia junto a un
Mefistófeles algo torpe. Una reedición modernizada de 1725 de
la leyenda de Spies es la que debió de llegar a un todavía joven
Goethe, en la que se inspiraría luego para recrear al mago, con-
virtiéndolo en un intelectual insatisfecho en busca de la verdadera esencia de la vida. Esto llama la atención del diablo, que le
propone un trato para satisfacerlo. Es importante resaltar que
en Goethe es el diablo el que busca a Fausto, no al revés. Y al
contrario que en la mayoría de las leyendas, Fausto no acaba en

el infierno, sino perdonado y redimido gracias a la intercesión del eterno femenino, en su obra representada por la joven e inocente Gretchen.

Fausto y su leyenda siguen representando incluso en el siglo XXI el epítome del pacto con el diablo, y ha ido tomando diversas formas bajo diferentes nombres, aunque siempre exponiendo un mismo mensaje.

Sin duda, una de las encarnaciones más curiosas e ignoradas que ha tomado, pero que resulta un emblema distintivo de la promiscuidad cultural del pasado siglo, es la de Esteban Corazón de Ablo, más conocido por Diablo, que une en su figura al mago místico y al propio demonio. Se trata de uno de los cientos de villanos que Los 4 Fantásticos siguen nutriendo en su caverna nocturna del olvido, y que rescatan de vez en cuando para alegría de los aficionados más excéntricos.

Esteban Corazón de Ablo fue una creación de Stan Lee y Jack Kirby, y en septiembre de 1964 hizo su primera aparición en papel. Nacido en la Zaragoza musulmana del siglo IX, Esteban fue un prominente alquimista de gran inteligencia y habilidad que vendió su alma al demonio Mephisto para lograr la inmortalidad. A lo largo de los siglos perfeccionó sus artes incorporando los nuevos avances científicos, convirtiéndose en un adversario temible de múltiples recursos. Sin embargo, a pesar de sus peculiaridades y enorme potencial, Stan Lee no sintió demasiado apego por el personaje; y, aunque ha gozado de cierto brillo en numerosas historias, como en la etapa de los dosmiles de Rafael Marín y el añorado Carlos Pacheco, podríamos considerar al Diablo una creación desaprovechada. Esteban Corazón de Ablo merecía y merece mucho, mucho más.

Infesto

El mundo de la música, donde se valora tanto el virtuosismo técnico como la expresividad pura, ha sido fértil en tratos demoníacos. Cualquier músico o intérprete que destacara por su talento era susceptible de recibir el sambenito de satánico. Aún en el siglo XX, este tipo de creencias se mantuvieron. Sin embargo, pocas veces ha sido el propio compositor quien revelara de manera voluntaria su vínculo diabólico. Este parece que fue el caso del excepcional violinista barroco Giuseppe Tartini (1692-1770). No es el caso de un talento deslumbrante y súbito, que es el que se suele relacionar con estos menesteres malignos, porque Tartini ni siquiera tenía pensado ser músico, sino maestro de esgrima, y una vez con el violín ya en el hombro, aunque hábil, fueron años de práctica y frustración los que lo convirtieron en un virtuoso, cuyo legado solo tuvo parte de relevo con el también italiano Niccolò Paganini. Tartini fue también el descubridor del fenómeno acústico del sonido diferencial o *sonido de Tartini*, además de desarrollar una nueva técnica con el arco, todavía vigente, y componer más de 125 conciertos y 175 sonatas, así como sinfonías, cuartetos y tríos. Fué el primer músico en poseer un violín fabricado por el lutier Antonio Stradivari.

Giuseppe Tartini nació en Pirano, en la República de Venecia, actual Eslovenia. Sus padres deseaban para él una carrera eclesiástica y mientras se preparaba para ella, siendo aún un niño, recibió sus primeras clases de violín. Estudió leyes en la Universidad de Padua, y tras la muerte de su padre en 1710, hizo un matrimonio desigual con Elisabetta Premazore. Fue una boda secreta, por lo que, al enterarse el cardenal Giorgio Cornaro, lo acusó de secuestro, pues Elisabetta era una de sus protegidas. Tartini tuvo que huir y se ocultó en el monasterio de San Francisco en Asís. Durante ese tiempo de reclusión, su carácter se templó y pudo retomar su estudio del violín y de la composición musical con un maestro excelente de su época: el organista Bohuslav Matěj Černohorský. Mientras tanto, el cardenal lo había perdonado y permitió que se reuniera con su esposa.

Su espíritu inquieto y perfeccionista lo condujo a viajar por toda Italia y Bohemia, siempre con la intención de innovar, mejorar y ampliar las fronteras de la música; fundó también la Escuela de las Naciones, a la que acudieron alumnos de toda Europa para aprender a tocar el violín, y escribió diversos tratados sobre teoría de la música desde una perspectiva matemática.

A pesar de toda su formidable labor, Tartini es recordado en el imaginario colectivo por su acuerdo demoníaco, del que es fruto su memorable *Sonata para violín en sol menor* o *El trino del diablo*. Quizá sea, de hecho, su mejor composición y, aunque Tartini la dató en 1713, por su madurez estilística, que ya trascendía el barroco para estrenar el clasicismo, es probable que fuese bastante posterior.

Según cuenta el astrónomo Jérôme La Lande, buen amigo de Tartini, en su libro de viajes *Voyage d'un françois en Italie* (1765-1766), el violinista tuvo un extraño sueño en el que se le aparecía el diablo pidiéndole ser su sirviente y maestro a cambio de su alma. Tartini le ofreció su propio violín para comprobar si sabía tocarlo, y este interpretó una obra de tal belleza y maravilla que lo dejó sin aliento. Al despertar, intentó retener la impresión de la música de su sueño y, aunque de ahí surgió *El trino del diablo,* Tartini asegura que no era más que una sombra de lo que realmente escuchó.

Y si hubo un verdadero sucesor de la pericia de Tartini, ese fue Niccolò Paganini (1782-1840), quien todavía no ha sido superado en habilidad técnica, y podemos considerarlo la primera estrella de *rock* de la historia. No por la música que interpretaba, por supuesto, sino por su actitud vital y la imagen tan excesiva que proyectó.

Paganini nació en Génova y muy pronto comenzó a estudiar música. Empezó con la mandolina bajo la instrucción de su padre a los cinco años y a los siete cogió el violín. Siendo todavía niño realizó sus primeras actuaciones y giras, pero no fue hasta que cumplió los treinta y un años cuando se le consideró un virtuoso. Llevó una vida desordenada, con multitud de amantes, ganancias económicas exorbitantes y pérdidas también extraordinarias. Fue amigo de otros grandes músicos como Liszt, Rossini o Berlioz, se codeó con la nobleza europea del momento y frecuentó la compañía de intelectuales. Todo el mundo quería ver a ese violinista espectral que tocaba como solo un demonio podía hacerlo.

Porque fue su enorme talento el que lo relacionó con Satanás. Ningún ser humano podía tocar de esa manera sin un soporte sobrenatural, era imposible. Había hecho un pacto con el diablo. ¡Y encima rompía las cuerdas de su violín! Cuerdas que estaban hechas de las entrañas de mujeres asesinadas. Poseía un aura turbadora, que algunos calificaban de infernal. O eso opinaban sus coetáneos. El *Fausto* (1808 y 1832) de Goethe no tuvo poca influencia en este tipo de pensamientos, así como la tempestad emocional del Romanticismo.

También hay que explicar que Paganini cultivaba una imagen muy particular que, unida a un aspecto físico peculiar, debido probablemente al síndrome de Marfan o de Ehlers-Danlos, le otorgaba un aspecto inquietante. Vestía de negro integral y negros eran también sus largos cabellos; alto, delgado en extremo, su rostro era muy pálido, con mejillas hundidas y sonrisa sardónica. Parecía un cadáver. En sus actuaciones le gustaba gesticular con furia, dando la impresión de estar poseído. Así que se juntó el hambre con las ganas de comer. La leyenda negra de Paganini había nacido.

El violinista tuvo, además, una salud delicada, la sífilis y la tuberculosis se cebaron en él, y el tratamiento a base de opio y mercurio tenía unos efectos secundarios devastadores tanto en su cuerpo como en su mente. Con tan solo cincuenta y siete años falleció, pero su calvario no finalizó ahí. Por la fama que había adquirido como vasallo del diablo, se le negó la sepultura en el cementerio de Niza. El cadáver de Paganini se mantuvo durante dos meses en la habitación donde murió, y a pesar de que había sido embalsamado, la corrupción no se podía detener, por lo que se le trasladó a un sótano durante dieciocho meses más. Mientras se buscaba una solución, el conde de Cessole decidió llevarse a Paganini a su finca e introducirlo en una cuba de aceite vacía, y de ahí a un lazareto en Vilafranca de Mar. Allí, el conserje inventó que se oía un violín a medianoche, y empezó a cobrar por permitir la entrada a cierto público morboso. Incluso estuvo a punto de vender el cuerpo de Paganini a un comerciante. Así que el cadáver fue de nuevo trasladado al pedregal de una pequeña isla, donde se enterró hasta buscarle un lugar definitivo. Cuatro años después de su fallecimiento, se permitió que fuera inhumado en Génova, pero surgieron rumores de que aparecían fuegos fatuos y visiones maléficas alrededor de su tumba. Fue trasladado de nuevo esta vez a Parma, donde permaneció en una villa hasta que el papa Pío IX rehabilitó su figura y permitió que fuera enterrado en suelo sagrado. Treinta y seis años después de su muerte, Paganini pudo finalmente descansar, aunque todavía le iban a dar algún que otro meneíllo para confirmar su identidad y concederle una mejor sepultura.

Possessio

Robert Leroy Johnson (1911-1938) fue un músico estadounidense de *blues* nacido en Hazlehurst, Misisipi. En esa época ya podemos imaginar lo que significaba ser afroamericano en el profundo sur: tragar mierda a toneladas. Tampoco se llevaba un registro demográfico o censo especialmente riguroso, sobre todo entre las clases menos favorecidas, así que muchos datos biográficos importantes se desconocen o no se han podido contrastar. Que Robert Johnson llevara una vida de músico itinerante no facilita ni mucho menos las labores de investigación, por lo que nos encontramos con una figura histórica nebulosa que se oculta en el enigma.

Se sabe que recibió una educación esmerada dada su posición, que su niñez la pasó entre Misisipi, Tennessee y Arkansas, donde era conocido como Little Robert Dusty; y que tocaba muy bien la armónica y el arpa de boca.

En 1929 se casó con Virginia Travis, de dieciséis años, que falleció al poco tiempo dando a luz. La familia de la joven Virginia pensaba que esto era un castigo divino por haber decidido dedicarse a la música profana, que era lo más parecido a haber vendido su alma al diablo. El mismo Johnson aceptó esta sentencia, y resolvió abandonar la intención de una vida sedentaria como granjero para convertirse en músico a tiempo completo.

En ese tiempo, tal como recuerda el gran Son House (1902-1988), Johnson era un competente intérprete de armónica, pero un pésimo guitarrista. Desapareció un tiempo, quizá regresó al área de Martinsville, cerca de donde nació, y con la ayuda del que sería su maestro, Ike Zimmerman (1907-1967), perfeccionó su técnica hasta hacerla prodigiosa. En poco menos de dos años se convirtió en el mejor guitarrista de *blues* de su época, y prácticamente de toda la historia. Su talento no tenía rival. Era versátil, capaz de interpretar un amplio rango de estilos, desde *country, jazz y swing* hasta el propio *blues* del delta en el que fue un virtuoso; y, sobre todo, poseía un oído extraordinario que le permitía tocar cualquier canción con solo haberla oído unos segundos.

La leyenda comenzó a forjarse entonces, porque solo con ayuda sobrehumana alguien podía conseguir semejante maestría en tan poco tiempo. El que Johnson y Zimmerman hubieran practicado en cementerios por la noche, cosa por otro lado lógica si buscaban tranquilidad y no molestar a los vecinos, ayudó también a fomentar esa idea de lo diabólico. Entre los colegas guitarristas de Johnson, ese rumor, inevitablemente, comenzó a circular.

Desde 1932 hasta su muerte en 1938, Robert Johnson se movió por casi todo el país: Chicago, Nueva York, Indiana, Detroit, San Luis, Texas, Kentucky... y, por supuesto, entre el delta del Misisipi, Tennessee y Arkansas. Como iba cambiando de nombre conforme viajaba, es complicado seguirle el rastro, pero en su vida de músico vagabundo mantuvo bastantes relaciones sentimentales y le gustaba beber en exceso. Esos fueron sus puntos débiles: el alcohol y las mujeres, quizá fueran estos los que lo llevaron a la muerte, aunque no se puede ratificar.

Antes de su fallecimiento, Johnson legó para la posteridad veintinueve composiciones, con trece tomas alternativas. Fueron grabadas en dos sesiones distintas, la primera en 1936 en San Antonio y la segunda en 1937 en Dallas, que contienen las canciones más sombrías e introspectivas. Al mando de la grabación estuvo Don Law (1902-1982), toda una eminencia que a lo largo de su vida trabajó con gente como Johnny Cash o Lefty Frizzell. Más adelante, ya en 1961, Law haría una recopilación con todos sus temas, *King of the Delta Blues Singers,* que llegaría a ser uno de los álbumes más importantes de la historia de la música del siglo XX, y que influiría en multitud de estrellas de *rock* como Eric Clapton, Keith Richards, Jimmy Page o Bob Dylan.

Mientras se mantuvo en activo, Johnson no tocaba en sus conciertos las composiciones oscuras y complejas por las que es conocido, sino que ofrecía a su público lo que deseaba: éxitos del momento y tonadas populares. Y con su enorme habilidad, encandilaba al público, consiguiendo que no le olvidaran en absoluto. A través de diferentes testimonios, nos hemos podido hacer una idea de cómo era su personalidad; es descrito como bien educado, de voz suave, algo tímido, amistoso pero indescifrable.

La muerte de Johnson fue tan misteriosa como lo fue gran parte de su vida personal. Por causas desconocidas, Johnson, con tan solo veintisiete años, falleció un 16 de agosto en Greenwood, Misisipi. No se le realizó autopsia alguna, aunque parece que padecía sífilis congénita y esto pudo conducirlo a un final prematuro. Por supuesto, también existe la teoría de que fue envenenado por un marido celoso. Las sustancias candidatas fueron estricnina o naftalina diluidas en *whiskey*. Johnson estuvo agonizando durante tres días, en los que padeció terribles dolores, vómitos y hemorragias.

Otra hipótesis sugiere que Robert Johnson sufría del síndrome de Marfan, lo que, además de haberle concedido un ojo vago y unos dedos de una longitud asombrosa, pudo provocarle una disección aórtica. Se desconoce la situación precisa del cuerpo de Robert Johnson, aunque existen tres sepulturas diferentes en Greenwood. Sin embargo, lo más probable es que fuera enterrado en una fosa común.

La vida errante de este músico de talento sin parangón generó rumores sobre su renombrado pacto con el diablo, que se vio reforzado por canciones como «Me and the Devil Blues», «Hellhound on My Trail» o «Crossroad». Según la leyenda, fue en un cruce de caminos donde Robert Johnson vendió su alma a Satán. Los cruces de caminos, esos lugares ominosos, dominio de deidades infernales como Hécate la Triple o el dios vudú Papa Legba, intermediario entre los hombres y los *loa*.

Johnson deseaba convertirse en un gran guitarrista de *blues*, por lo que fue con su instrumento a medianoche a una encrucijada cerca de la plantación Dockery. Allí se encontró con un hombre alto, negro, que cogió su guitarra y la afinó. Luego tocó unas cuantas canciones, devolviéndole la guitarra a Johnson junto al don de la maestría absoluta. Todo a cambio de su alma inmortal.

El mito fáustico de Robert Johnson creció todavía más a partir de los años sesenta del siglo pasado, cuando el público blanco pudo acceder a su música de manera masiva. Lo que resulta indudable es que esta leyenda bebe de fuentes muy anteriores, como hemos podido leer, y tiene, además, un precedente mucho más cercano todavía, el pacto satánico que el músico afroamericano Tommy Johnson (1896-1956) afirmó haber hecho también. Este cultivó durante toda su vida una imagen escrupulosamente siniestra, acorde a su aseveración y, aunque no alcanzó la pericia de Robert, también fue un guitarrista notable en su tiempo. No obstante, el que terminó cargando con la fama de satánico fue Robert, no él.

Destructio

Existen multitud de productos de la cultura pop que se han inspirado, y se siguen inspirando, en leyendas similares a las de Fausto o a la de Robert Johnson. De hecho, en el mundo del cine la presencia de pactos diabólicos ha sido constante casi desde sus inicios, y si no ha sido un pacto demoníaco, es la propia comparecencia del señor del mal la que ha brotado sin disimulo en el celuloide.

El pionero del cine George Méliès (1861-1938) sentía gran predilección por la leyenda de Fausto, de la que realizó no una sino hasta seis adaptaciones. Destacan *Le Cabinet de Méphistophélès* (1897), que se considera la primera película fáustica de la historia y se estima perdida; *Faust aux enfers* (1903), donde el propio Méliès interpreta a Mefistófeles; y la satírica *Les Quat'Cents Farces du diable* (1906).

Brilla con luz propia la obra maestra italiana *Rapsodia satánica* (1917), dirigida por Nino Oxilia (1889-1917). En este filme, Fausto toma forma de mujer, una anciana de la alta sociedad que hace un pacto con el diablo para recuperar su juventud. La protagonista, interpretada por una magnífica Lyda Borelli (1884-1959), no debe enamorarse bajo ninguna circunstancia, y esta condición de su acuerdo demoníaco resultará difícil de cumplir.

Otro honorable ejemplo sería la sueca *Häxan [La brujería a través de los tiempos]*, (1926), un magnífico filme silente producido, escrito y dirigido por el danés Benjamin Christensen (1879-1959). Se trata de un trabajo de gran labor documental sobre la historia de la brujería, las hipótesis respecto a su naturaleza y causas, y el posible vínculo entre brujas medievales y las enfermedades mentales modernas. *Häxan* es una obra extraordinaria, en su momento incomprendida, un documental dramatizado que invita a la reflexión racional y, además, con una realización técnica innovadora.

Durante la Alemania del expresionismo, unos cuantos (y no pocos) cineastas y literatos sintieron una profunda atracción por el ocultismo. No en vano, el cine expresionista gustaba de plasmar una visión del alma humana «fáustica»: su esencia dual, la fascinación por el mal o la inevitabilidad del destino y su completo dominio sobre la vida. Así pues, gente como Thea von Harbou, Fritz Lang o Friedrich Wilhelm Murnau se interesaron en un momento de sus carreras por diferentes disciplinas esotéricas, e inspirados en ellas, incorporaron ideas y recursos a sus películas. Pero fueron Hanns Heinz Ewers, Albin Grau y Henrik Galeen los que se zambulleron de pleno en el ocultismo y, con enorme rigor, expresaron estos nuevos conocimientos en diferentes películas. Hanns Heinz Ewers no solo era rosacruciano, sino que mantenía relaciones activas con la Golden Dawn (la Orden Hermética de la Aurora Dorada) y era amigo de Aleister Crowley. Cierto que la mayor parte de su obra es literaria, imprescindible para entender el género fantástico de principios del siglo XX; sin embargo, tuvo una larga relación con el cine escribiendo diversos guiones. Fue el caso de la primera versión de *Der Student von Prag* [*El estudiante de Praga*], (1913), cuya reelaboración en 1926 por parte de Henrik Galeen contó también con su guion.

Ambas versiones de *El estudiante de Praga* fueron de las primeras películas que cristalizaron en celuloide la aventura de un pacto con el diablo. La más antigua es considerada la primera película de autor alemana; la segunda tiene como actor principal al gran Conrad Veidt, y como actriz de reparto a Leni Riefenstahl. En las dos es un estudiante de nombre Balduin el que cae en las garras del prestamista Scapinelli, que no es otro que el demonio. Este, en realidad, como un malvado demiurgo, ha controlado desde el principio en las sombras el destino del joven, para que de manera irremediable pierda su alma.

Como estudiosos ocultistas, tanto Ewers como Galeen sembrarán *El estudiante de Praga* de pistas y señales reconocibles por el iniciado, tomando el romanticismo oscuro como base de partida, así como la figura folclórica del *Doppelgänger* y la leyenda de Fausto, construirán un camino hacia el autoconocimiento para el protagonista, una senda que no puede transitarse sin dolor ni sacrificio, y que conduce, a través de la aceptación del «yo oscuro», a una comprensión profunda de la existencia, a la iluminación.

No obstante, la obra donde Henrik Galeen había vertido más su sabiduría ocultista fue *Nosferatu, eine Symphonie des Grauen [Nosferatu]*, de 1922. Dirigida por Murnau, contó con su guion y la dirección artística y producción de Albin Grau. Ahí aparecen, por ejemplo, las cartas del conde Orlock a su servidor Knock, rebosantes de signos esotéricos extraídos de obras de Eliphas Levi, Paracelso o Cornelio Agripa de Nettesheim. Y el libro que Hutter lee en la posada de los Cárpatos, indica que el Nosferatu es un ser nacido de la «semilla de Belial», el príncipe de los infiernos.

Sin embargo, si existe una película que ha representado el pacto demoníaco con magnificencia, haciéndose por méritos propios un lugar en la historia del cine, es *Faust, eine deutsche volkssage [Fausto]*, (1926), de Murnau. Siendo esta su segunda película «satánica», aprovechó mucho los recursos aprendidos en *Nosferatu;* empero, Murnau no era creyente, y su interés por el esoterismo era superficial, solo le interesaba a nivel estético. De modo que, aunque es una película maravillosa, no permite una segunda lectura ocultista. Por ejemplo, las invocaciones demoníacas que aparecen no se encuentran atestiguadas en ningún documento de magia negra, están basadas en clichés populares y adaptadas al cine para resultar efectistas; y Mefistófeles adopta un tono de opereta que difícilmente habría permitido el fervor de Grau o Galeen. Pese a la falta de fidelidad esotérica, *Fausto* es un clásico imprescindible que todavía ofrece al público del siglo XXI un espectáculo visual apabullante. Esta fue la última obra de Murnau en Alemania, tras finalizarla se fue a Estados Unidos.

Durante la República de Weimar (1918-1933), el gusto por lo oculto en las artes alcanzó su clímax hasta ir decayendo con la irrupción de los nazis, que no toleraban de ninguna forma el humanismo positivista del esoterismo, por lo que prohibieron las logias y sociedades secretas, expulsando a sus miembros del país.

Cuando el expresionismo alemán languidecía, las películas de terror renacieron en Estados Unidos. Los monstruos hicieron aparición en los lejanos paisajes de Europa para aliviar los terribles efectos de la Gran Depresión: era mejor ser pobre que convivir con esos engendros sobrenaturales. Y, aunque la comparecencia del diablo en el cine estadounidense tampoco fue muy abundante hasta los años cincuenta del siglo XX, existen honrosas excepciones donde hace acto de presencia con sus ineludibles contratos.

Cuando se cometió la primera ofensa a los indios, yo ya estaba aquí. Cuando el primer esclavo fue capturado en el Congo, yo iba a bordo del barco que lo trajo. ¿Es que acaso no notáis mi presencia en vuestros cuentos e historias, incluso en vuestras creencias? ¿Acaso no se habla de mí en cada iglesia de Nueva Inglaterra? Es cierto que los del norte dicen que soy sureño y que los del sur dicen que soy norteño. Lo cierto es que soy un honesto estadounidense más, como tú, y que provengo del mejor linaje; y, aunque no me guste presumir de esto, señor Webster, mi nombre es mucho más antiguo que el tuyo, en este país al menos.

WILLIAM DIETERLE, *EL HOMBRE QUE VENDIÓ SU ALMA*
PARLAMENTO DEL DIABLO (1941).

The Devil and Daniel Webster (All That Money Can Buy), titulada en España *El hombre que vendió su alma* (1941) de William Dieterle, es una de esas rarezas de la época donde su satánica majestad aparece ofreciendo un trato al granjero Jabez Stone. Harto de su mala suerte a pesar de sus esfuerzos, la elocuencia irresistible del señor Scratch lo convence para vender su alma a cambio de siete años de buena suerte. Pero el pacto tiene su letra pequeña, y conforme va prosperando, sus seres queridos y conocidos se van distanciando. Su petición tiene unas consecuencias que no había previsto y se siente estafado, por lo que decide contratar a su amigo, el abogado Daniel Webster, para que lo defienda frente a Lucifer, el señor Scratch.

El hombre que vendió su alma es una película que refleja con exactitud el sentir de una época, la impotencia ante acontecimientos poderosos que, injustamente, zarandean y dejan en la ruina a los ciudadanos. Todavía arrastrando las consecuencias del crac del 29, *El hombre que vendió su alma* ofrece consuelo, esperanza y la seguridad de que, utilizando la retórica y confiando en el *american way of life,* uno puede salir airoso. La manera estadounidense es la mejor manera, su superioridad moral es indiscutible, aunque se equivoque.

Mientras, en Europa sobresale la película de realismo poético *La beauté du diable* (1950), una producción francoitaliana dirigida por René Clair (1898-1981) que destaca por la intensa interpretación de sus actores principales, Michel Simon y Gérard Philipe. Una obra que navega entre la fantasía, el existencialismo y la ironía, brindando aire fresco a la obra de Goethe.

Sin ninguna duda, 1968 fue un buen año para el cine de terror estadounidense con la llegada de dos películas que cambiaron los paradigmas del género. Una de bajo presupuesto, pero con mucha imaginación: *Night of the Living Dead [La noche de los muertos vivientes]* de George A. Romero. La otra, una producción de presupuesto importante al mando de Roman Polanski: *Rosemary's Baby [La semilla del diablo].* Ambas arrancan la narración del contexto gótico y la instalan en lo cotidiano. Esto es especialmente visible en la obra de Polanski, que, además, nos ofrece una perspectiva diferente del pacto fáustico.

La semilla del diablo, basada en la novela de Ira Levin, tiene lugar en el Nueva York contemporáneo de su rodaje. Entre rascacielos y la vida moderna, un matrimonio joven liberal, los Woodhouse, se verá enredado en el advenimiento del hijo del diablo a la Tierra. El edificio en el que viven, de mala fama, es el nido de una secta diabólica que le ofrecerá al marido, interpretado por John Cassavetes, el éxito laboral a cambio de la fertilidad de su esposa, papel protagonizado por una espléndida Mia Farrow. Nadie le dice nada a la joven, es un pacto demoníaco que se realiza sin la autorización de la principal afectada. Una especie de gestación subrogada tradicional, pero llevada a cabo mediante una violación en una ceremonia ritual satánica.

Las fronteras entre el mundo real y la fantasía, entre el estado de vigilia y lo onírico, se difuminan y permiten incluso hacer dos lecturas de la película: una, la del satanismo ortodoxo, y otra que se interna en el terreno de la psiquiatría. Existe una vibración especial entre lo que se expresa y lo que se sugiere, pero la culminación de la película resulta bastante contundente, no deja dudas al respecto. El *showman* Anton LaVey afirmaba que había sido contratado como asesor de *La semilla del diablo*, pero no se tiene ninguna constancia documental de que haya sido así.

Otra variación del pacto diabólico lo encontramos en el filme de porno chic de 1974 *The Devil in Miss Jones [El diablo y la señorita Jones]*, dirigida y escrita por el habitual del género Gerard Damiano, y protagonizada por la mítica Georgina Spelvin.

Justine Jones, una joven soltera, virgen y deprimida, decide suicidarse. Pero para su gran sorpresa, a pesar de que ha llevado una existencia virtuosa, no puede acceder al cielo al haberse quitado la vida. Solo puede permanecer en el limbo y, frustrada, llega a un acuerdo con el ángel Acaba: que le permita regresar a la Tierra, personificando la lujuria, para llevar una vida de depravación sexual y poder así luego bajar al infierno. Pero, como bien nos enseña la tradición, los pactos demoníacos nunca finalizan como uno espera.

Acudiendo de manera excepcional al mundo de los dibujos animados, un año antes vio la luz la extraordinaria *La belladona de la tristeza* (1973) de Eiichi Yamamoto, una obra incomprendida en su época y el canto del cisne de la productora del gran Osamu Tezuka, Mushi Pro. Es la obra que cierra la trilogía fílmica *Animerama*, conformada por *Senya Ichira Monogatari* (1969) y

Cleopatra (1970). Dirigida al público adulto y de contenido sexual explícito, se puede afirmar que a partir de estas películas comenzaron a manar las trombas de *hentai* que plagan el universo del *anime* japonés.

Se trata de una obra maestra de la animación, espectacular y experimental, no apta para todos los públicos, y con una sensibilidad que conecta con las inquietudes actuales. *La belladona de la tristeza* es una adaptación libre de la obra literaria francesa *La Sorcière* (1862) del historiador Jules Michelet, del que recoge también una visión compasiva del paganismo, la crítica al fanatismo medieval y un homenaje muy particular a Juana de Arco. No resulta un filme cualquiera, parece más bien una bonita flor venenosa que, si no se recolecta con guantes, puede producir una buena urticaria.

El argumento tiene lugar durante la Edad Media, donde los enamorados Jean y Jeanne se casan, pero topan con las dificultades propias del campesinado como la falta de riqueza y, por supuesto, el típico señor feudal que ejerce su derecho de pernada sobre Jeanne, violándola sin contemplaciones en la noche de bodas. Su amado Jean comienza a odiarla por lo sucedido, dejando a Jeanne en una condición psicológica insostenible. En ese estado de vulnerabilidad y desolación, donde el sufrimiento la está consumiendo, hace acto de presencia un diminuto personaje que, lentamente, irá creciendo y manipulando los sentimientos de Jeanne. Y Jeanne, conducida por el dolor, la traición y el deseo de venganza, hará un pacto con este pequeño ser que la dotará de poderes sobrenaturales y la convertirá en un ángel caído.

A lo largo de los años, el tema del contrato fáustico se ha ido desarrollando con más o menos fortuna. Existen filmes como *Angel Heart [El corazón del Ángel]*, (1987), de Alan Parker, con Robert de Niro, Lisa Bonet, Charlotte Rampling y un Mickey Rourke en estado de gracia, que con gran acierto han adaptado el mito, en este caso concreto el de Robert Johnson; otros que lo tocan de manera tangencial, pero que dejan una huella mágica, como es el caso de *O Brother, Where Art Thou?* (2000), de los hermanos Coen; también birrias ignominiosas pero triunfantes como *The Devil's Advocate [Pactar con el diablo]*, (1997), de Taylor Hackford, o bellezas solitarias de *folk horror* como *The Witch [La bruja]*, (2015), de Robert Eggers.

¿Hay en el cine español alguna obra que merezca la pena mencionar? Pues la presencia del demonio y de los pactos fáusticos no ha sido precisamente abundante en la península, pero existe una singularidad que amerita un puesto entre todas las nombradas: *El día de la bestia* (1995), segundo largo del vasco Álex de la Iglesia. Esta comedia negra apocalíptica se centra en el nacimiento del Anticristo en la capital de España, acontecimiento que un profesor de Teología, el padre Ángel Berriatúa (el mensajero de las buenas noticias, literalmente, el Evangelio) descubre durante sus estudios. Ocurrirá el 24 de diciembre de ese año. Así que se dirige a Madrid, dispuesto a convertirse a la fe de Satán para averiguar el lugar del evento e impedir que se consume. Para ello, decide hacer todo el mal que se le ocurre, incluso escuchar música satánica, en la que le introduce el drogadicto y delincuente José María. Junto a él y al profesor Cavan, un estafador con un programa televisivo dedicado a las ciencias ocultas, harán un pacto con el diablo y se adentrarán en la peligrosa noche madrileña como tres reyes magos enajenados, buscando el nacimiento del Anticristo.

También de director vasco y de esencia netamente euscalduna es la película *Errementari* (2017), de Paul Urkijo. Basada en una leyenda de tradición oral, que el antropólogo y etnólogo José Miguel de Barandiarán y Ayerbe (1889-1991) recogió a principios del siglo xx, este filme nos acerca a un pacto diabólico que difiere un poco de los demás: el villano, en realidad, es un humano, un herrero (Patxi) que logra aprisionar durante años al demonio con el que ha hecho su arreglo, y es incluso capaz de atormentar en el mismísimo infierno al resto de los demonios. El espíritu humano corrompido puede espantar hasta al propio diablo.

ESPEJO II

Sexo, drogas y ultraviolencia. *Devilman: Crybaby*, de Masaaki Yuasa

Manifestatio

Devilman: Crybaby (2018) es una serie de animación japonesa dirigida por Masaaki Yuasa (Fukuoka, 1965) para la plataforma digital Netflix. Es una obra basada en el manga de Gō Nagai (Wajima, 1945), autor responsable también del archiconocido *Mazinger Z*.

Devilman: Crybaby se centra en la historia de un muchacho que consigue fusionarse con un poderoso demonio y conservar su corazón humano. Sus nuevos poderes sobrenaturales serán determinantes para luchar por la supervivencia del planeta, invadido durante siglos por entidades demoníacas. Al salir a la luz pública, la guerra entre humanos y demonios se exacerbará.

Gō Nagai invirtió mucho esfuerzo y esmero en esta creación original, mucho más que en su archiconocido *Mazinger Z,* que para él solo era un recurso alimenticio. Sin embargo, la fama mundial la consiguió el género *mecha*, y el éxito de *Devilman* quedó restringido al ámbito japonés. El manga consta de cincuenta y tres capítulos distribuidos en cinco *tankôbon* (volúmenes) que la mítica *Shōnen Magazine* publicó entre 1972 y 1973. Su primera adaptación animada, compuesta de treinta y nueve episodios, consiguió gran notoriedad, y pasó a convertirse en un clásico solo eclipsado por el poderío de Mazinger. Ambas protagonizaron un *crossover, Mazinger Z versus Devilman* (1973), prueba de la gran popularidad que habían alcanzado. Pero el *Devilman* setentero, por mucho que se lo honre y merezca una cariñosa revisión de vez en cuando, no fue más que una adaptación bastante suavizada (más apropiada para el público infantil) del manga original, cuyos contenidos eran muchísimo más explícitos.

Y fue Masaaki Yuasa, finalmente, el elegido para trasladar esa crudeza del tebeo a la pantalla. Yuasa es uno de los animadores más prestigiosos del panorama actual, conocido por su profundo desdén por los convencionalismos y por sus inteligentes innovaciones, que, además, le han otorgado un sello muy personal. Su estilo es audaz y dinámico, de un manierismo maquiavélico, amante de la sátira, la riqueza simbólica y, cómo no, la oscuridad. Pero no una oscuridad como la concebimos en Occidente, sino que celebra el espíritu de Junichiro Tanizaki y su imprescindible *El elogio de la sombra* (1933). Una oscuridad plena de belleza en su imperfección, irregularidad e incluso crueldad; y que nos compele a admirar su dominio y poder. Masaaki Yuasa es un artista de claras influencias occidentales, pero que no se inhibe a la hora de plasmar su origen japonés. De hecho, esa especial mixtura entre Occidente y Oriente es una de las marcas de agua de obras suyas tan esenciales como *The Tatami Galaxy* (2004), *Ping Pong: The Animation* (2014) o el largometraje *Night Is Short, Walk on Girl* (2017).

Devilman: Crybaby es una adaptación del tebeo en la que Yuasa ha sido extremadamente considerado. Ha conducido a su terreno la obra de Gō Nagai, la ha modernizado, pero manteniendo su fantasía psicodélica y su brutal historia. Por eso mismo, a los que disfruten de la serie, la lectura del manga les resultará bastante interesante. Aun así, quienes confíen hallar un *anime* con una impronta del director visible, quizá queden algo decepcionados. Porque, a pesar de que es una serie indudablemente suya, Yuasa ha decidido en este caso ponerse al servicio de la obra, manteniendo su tan característica huella en un plano más discreto, comedido en su expresión personal. Se trata de un homenaje respetuoso a *Devilman*, realizado con fervor y humildad, pero no por ello menos rutilante y desmesurado. Se nota la fuerte admiración que siente Yuasa hacia la obra, y su deseo de conservar su esencia original más que hacer su reinterpretación particular.

Infesto

Akira Fudō y Ryō Asuka son como la noche y el día, aunque grandes amigos desde la infancia. Akira es honrado e inocente, con un gran corazón que le hace llorar a menudo; Ryō es frío y racional, con una mente brillante y afilada. Ambos se separan por cuestiones de la vida, pero a los pocos años Ryō regresa a Tokio con noticias pavorosas: el planeta está infestado de demonios, y es necesario pararles los pies para evitar la destrucción del mundo. Asuka propone a Fudō acudir a una fiesta denominada *sabbat*, donde seguramente puedan conseguir pruebas fehacientes de la existencia de estas criaturas. A partir de entonces, la vida de Akira cambiará radicalmente, se convertirá, muy a su pesar, en Devilman: un hombre demonio.

Devilman: Crybaby tiene los ingredientes básicos con los que el público occidental profano suele relacionar el mundo del *anime* (o el *manga*, el tebeo): sexo y ultraviolencia. A la fórmula le podemos añadir también las consabidas drogas, pero sin el *rock n' roll*. Lo que hay es mucho *hardcore* tecno y *gabber,* que se muestran como la banda sonora perfecta para esta serie en la que Masaaki Yuasa extiende los espeluznantes horizontes del infierno en la Tierra. *Devilman: Crybaby,* en cierta forma, va dirigido al hombre occidental que quiera chapotear en el mundo de la animación japonesa a través de un producto que le resulte familiar. Gō Nagai y *Mazinger Z,* junto con los clichés más generales del *shōnen* y del *seinen* son, más o menos, conocidos entre el suscriptor medio de Netflix; y a estos espectadores va dirigida esta barbaridad de serie.

Barbaridad, sí, a todos los niveles. Porque Yuasa no se anduvo con chiquitas. Para los estándares de Netflix es brutal, para un *otaku* promedio es un poquillo salvaje. A pesar de que *Devilman: Crybaby* fue diseñada para Occidente, ha hecho lo que le ha dado la gana y todo el mundo es susceptible de disfrutarla. Salvo los desafortunados de estómago sensible. *Devilman: Crybaby* no es lo mejor que ha hecho Masaaki Yuasa, pero sí se encuentra entre lo más destacado.

Devilman: Crybaby avanza *in crescendo,* en una progresión geométrica perfecta. Comienza con los habituales problemas del mundo adolescente para acabar con la llegada del fin del mundo. Ese ritmo de la serie, como una gigantesca espiral descendente hacia una destrucción absoluta que lo engulle todo, es lo que más llama la atención. En el inicio encontramos la vida ordinaria de un adolescente de padres ausentes por su trabajo en el extranjero. Está enamorado de su vecina *hafu* cristiana, Miki, gran atleta y corredora, con la que se lleva genial. Él es un inútil en los deportes, de carácter compasivo y honesto, y vive su pubertad como cualquier otro chico, en el instituto, rodeado de gente a la que aprecia. Pero detrás de esa aparente normalidad, late la sordidez de una realidad que asoma su fea cabeza con envites abrasivos. Notas discordantes en la melodía de esa infancia inocente que cada vez se aleja más, emponzoñando, poco a poco, la existencia. Y no, no son las pequeñas mezquindades inherentes al ser humano, como los celos de Miko hacia Miki, su amiga y rival en las competiciones, las que le destruyen el corazón; aunque sí resulten ser las palancas perfectas para la futura catástrofe. Una catástrofe que se va precipitando ante los ojos del espectador, sin control, sin remedio.

Un fotógrafo que insiste en hacer fotos a Miki desnuda; un deportista de élite, antes un don nadie, relacionado con un sangriento asesinato; unas extrañas fiestas clandestinas llamadas *sabbats* donde corren las drogas y se celebran monstruosas orgías; la inesperada llegada, tras años de ausencia, de Ryō a la vida de Akira con una impactante revelación: el planeta está a punto de ser dominado por demonios, y solo ellos dos pueden evitarlo. Este es el contexto inicial de *Devilman: Crybaby,* y, a partir de allí, se va desarrollando la historia. Líneas argumentales, aparentemente inconexas, confluyen para entreverar el tapiz del fin del mundo, con un importante elenco de personajes esbozados cuidadosamente y con un papel muy definido en el horizonte general de la epopeya. Porque este *anime* tiene tanto las dimensiones como el tono de una épica trágica, que crece, crece y crece hasta convertirse en un cataclismo de magnitud cósmica.

Possessio

El amor no existe, no hay cosa semejante, por lo tanto no existe la
tristeza.

Estas palabras, pronunciadas por Ryō, son el alfa y el omega de
la serie. El chico rico, culto, inteligente y de aspecto angelical no
cree en el amor, pero se sirve del que siente Akira para que se
convierta en un demonio. Aunque no en un demonio completo,
sino en un hombre-demonio, un *devilman*. Un ser con el cuerpo
casi indestructible de un demonio, pero con el corazón de un ser
humano. En el caso de Akira, el poderoso diablo Amon. Sin embargo, no a todas las personas les sucede igual, no todos pueden
llegar a dominar su lado demoníaco. Y así, Akira, con su gran
compasión, se erige como figura crística, enfrentada al eterno
opositor, al adversario, a Satán. Solo él y sus nuevos poderes
sobrenaturales pueden detener la conquista planetaria por parte
de estas criaturas diabólicas. Se convierte en el instrumento de su
querido amigo, se somete a sus planes voluntariamente. De nuevo, por amor. Así pues, Akira y Ryō, desde el mismo principio,
quedan configurados como yin y yang. Opuestos en su manera
de pensar y de ser, pero con un poco de la naturaleza de cada
uno de ellos también en su interior.

Omitiendo su vertiente adivinatoria, que no es de ninguna
utilidad, el arcano mayor XV del tarot, que corresponde a la figura del diablo, resulta perfecta por su simbología para explicar
qué son los demonios en *Devilman: Crybaby*. Porque lo que este
naipe representa es lo que aparece meticulosamente plasmado

en el *anime*. Tanto si acudimos al mazo Visconti-Sforza (siglo XV), como al de Marsella (siglo XVIII) o al más reciente Rider-Waite-Smith (siglo XIX), su simbolismo es muy evidente: un ente hermafrodita, señor absoluto del mundo material y físico, con plenos poderes sobre las pasiones y las emociones más viscerales, que, a su vez, es dominado por ellas de manera destructiva. Representa la ceguera espiritual y la negación del amor; un espíritu que ha caído al mundo terrenal y que ha asumido las características de sus criaturas más bajas, convirtiéndose en un monstruo guiado simplemente por el instinto de supervivencia. Más allá de la gracia de Dios, sin luz, sin empatía, sin compasión. Solo los más fuertes merecen existir. No obstante, esta esclavitud a los más primitivos instintos resulta una elección personal. Sus cadenas pueden retirarse fácilmente, pero escoge no hacerlo por el enorme poder y placer de los que disfruta. Es el arquetipo del desenfreno y la irracionalidad, de la codicia, la violencia y la lujuria. Una completa sumisión a los vicios y a las tinieblas de la mente.

Sin embargo, toda esta simbología se refiere a facetas del ser humano. Son características humanas. Y es lo que Masaaki Yuasa ha sabido cristalizar. Los demonios de *Devilman: Crybaby* son todo lo que el naipe del tarot encarna: violentos, libidinosos, irracionales, asesinos e insaciables. No sienten ningún tipo de conmiseración hacia los que no consideran sus iguales, aunque entre ellos pueden desarrollar cierto tipo de lealtad. Y hasta afecto. Demonios y humanos en este *anime* no son tan distintos psicológicamente. En ese infierno en la Tierra que va filtrándose como lava incandescente, los humanos se demonizan y los demonios se humanizan. Siempre con su libre albedrío intacto. Y el sumun de esa total compatibilidad entre especies es Devilman, crisol de ambos mundos.

Esta creciente amalgama y confusión entre lo demoníaco y lo humano se ve reflejada con dureza en los personajes secundarios que van desfilando, y todos aportan algo esencial al progreso de la serie. Destaca la evolución de las dos figuras femeninas Miki y Miko; también la pandilla de raperos, con sus rimas y maravilloso lenguaje corporal, que expresan muy bien la efervescencia y mutación sociales; muy importantes son, asimismo, los demonios Kaim y Silene, que presumen de una fidelidad y un sentido del honor bastante humanos. Hay una prodigiosa escala de grises en sus psicologías que los hace creíbles y sorprendentes. Pero como no podía ser de otra manera, los que se llevan toda la atención son Ryō y Akira. Este último con su inmensa sensibilidad y espíritu de sacrificio, capaz de darlo todo de sí mismo por el bien común; Ryō con su fría racionalidad, su orgullo y su capacidad de visión global. Sin embargo, de él tampoco sabemos mucho más, tiene un pasado enigmático que ni siquiera el mismo Akira se molesta es desvelar.

En su apartado artístico, *Devilman: Crybaby* toma el trabajo de Gō Nagai y lo estiliza hasta otorgarle una simplicidad que podría resultar peligrosamente anodina si no fuera por el excelente trabajo que han hecho con el color. Esa saturación deslumbrante sin apenas volúmenes, junto a una extraordinaria plasticidad que culebrea en dinámicas imposibles, hacen de este *anime* un experimento visual, en ciertos momentos, sobrecogedor. Una experiencia lisérgica de luz y fantasía que conecta con la naturaleza demoníaca; recursos que invocan, en un singular ritual, los trabajos de animadores iconoclastas como Keiichi Tanaami (Tokio, 1936), René Laloux (París, 1929-Angulema, 2004) y, sobre todo, Yoji Kuri (Tokio, 1928), con claras reminiscencias surrealistas y del arte pop.

Destructio

Devilman: Crybaby es un *anime* excesivo en todos los sentidos, de una hipérbole emocional sin parangón, aunque completamente justificada. Nada es gratuito, ni sus escenas pornográficas ni las brutales masacres ni las tragedias extremas que se desatan. Todas dirigen su mirada directa al arcano XV. Se trata de una serie que nos cuenta la destrucción del universo conocido, por lo que no hay medias tintas. *Devilman: Crybaby* no tiene ningún tipo de misericordia y se regodea en todo lo miserable e indigno del ser humano. Y es la sociedad humana, estampada de manera espléndida en sus contradicciones, la que contribuye activamente a ese descalabro. No es una obra fácil, puede provocar problemas de indigestión serios, pero ignorarla también implicaría perder la oportunidad de disfrutar de un *anime* redondo, con un aroma *vintage* muy perceptible. Sin embargo, no es un mero revoltijo de sexo, vísceras y sufrimiento. *Devilman: Crybaby* invita a la reflexión: ¿no será Dios una criatura tan fría y despiadada como el propio Satán? ¿Dónde se encuentra, en realidad, el límite entre demonio y humano? ¿Qué es ser demonio y qué es ser humano? El *anime* no brinda todas las respuestas, espera que el espectador encuentre las suyas propias.

ESPEJO III

El ángel caído Melek Taus

Manifestatio

Melek Taus fue creado de la luz de Dios en primer lugar, y después lo siguieron siete espíritus santos más. Melek Taus obró como demiurgo al crear del huevo cósmico primordial el mundo. Por orden de Dios, el hombre fue creado con polvo *(akh)* de la tierra *(ardh)*, y Dios le insufló la vida. Cuando Dios pidió a sus espíritus sagrados o arcángeles que se inclinaran ante el hombre, todos lo hicieron salvo Melek Taus, que desobedeció y en respuesta dijo que él, habiendo sido creado de la luz de Dios, no podía inclinarse ante el hombre, hecho de tierra. Tras este desacato, explicado por los yazidíes como un excesivo y justificado celo hacia su Creador, fue expulsado al infierno durante siete milenios en los que sus lágrimas de arrepentimiento llegaron a apagar las llamas. Y así Dios lo perdonó y restituyó. Caída y redención.

Lo que podría considerarse un acto de soberbia, en realidad, fue una dura prueba que Dios le impuso a su principal, de la que salió airoso, siendo nombrado señor de la Tierra. Y como su Señor, debe ser adorado. Revelándose con un halo de arcoíris alrededor del Sol, descendió a la Tierra tomando la forma de un majestuoso pavo real, y se posó en el cañón de Lalish, entre los yazidíes, el primer pueblo que habitó en el jardín de Edén. Con él vinieron seis arcángeles más a quienes dirige, formando la clásica hepteada mesopotámica. Él no es fuente de ninguna maldad, el mal se encuentra dentro del mismo hombre y son sus elecciones las que determinan su destino. Al igual que Melek Taus eligió el bien, el hombre puede hacer lo mismo y, si yerra, tiene mil y una posibilidades mediante la transmigración del alma de llegar a la salvación.

Sin embargo, para el islam, Iblís o Al-Shaytan fue el ángel de fuego que se negó a inclinarse frente al hombre, y fue arrojado al infierno para toda la eternidad en vez de ser redimido. Y para la iconografía cristiana, la serpiente es un animal identificado con el demonio, que en el yazidismo no es más que la representación sagrada de la renovación del ciclo de la vida y del cosmos, de Melek Taus. Todas estas semejanzas superficiales condujeron con los siglos a una desgraciada confusión, a una identificación equivocada de Melek Taus con el diablo musulmán y cristiano. Las consecuencias fueron, son y seguirán siendo terribles. Aunque no siempre fue así.

Infesto

Cuando Qappia Asmani, la Puerta del Cielo, haga su aparición, comenzará la quinta edad de este mundo, la era de purificación de la humanidad en la Tierra. Melek Taus, el ángel-pavo real, instruirá a los hombres santos de todo el mundo, quienes a su vez entregarán el mensaje a los representantes de todas las naciones.

Esta quinta edad comenzará en un tiempo de guerra que se librará no solo contra los yazidíes, sino contra toda la humanidad. Miles de cuervos negros pulularán chillando por los desiertos y ríos de sangre inocente fluirán. Esta guerra obligará a los yazidíes a abandonar sus hogares y migrar a los cuatro rincones de la Tierra.

Durante esta gran guerra, los yazidíes serán una fuente de iluminación para las naciones musulmana y cristiana. El templo de Lalish y otros santuarios sagrados antiguos serán refugios seguros para las personas desplazadas que busquen amparo.

Será una guerra de ideales, que enfrente lo espiritual contra lo material. El mensaje espiritual prevalecerá y será llevado adelante por aquellos que sobrevivan para crear un mundo nuevo. Esta nueva era dorada será inaugurada por Melek Taus. *(During this Great War, the Yazidis will be a source of enlightenment to the Muslin and Christian nations. The Lalish Temple and other ancient holy shrines will be safe havens for the displaced people who seek shelter. The war will be a war of ideals, pitting the spiritual against the material. The spiritual message will prevail and will be*

*carried foward by those who survive to create a new world. This
New Golden Age will be ushered in by Ta'us Malik.)*

Gharbi M. Mustafa, «An Ancient Yazidi Prophecy», en *What Comes with the Dust* (2016)

El yazidismo siempre ha sido castigado a causa del gran desconocimiento que existe sobre él. La propia naturaleza del sistema de creencias impide que haya una comunicación adecuada con su entorno social y geográfico, por su aislacionismo y hermetismo. A eso se une la desconfianza que provoca en las religiones del Libro cualquier tipo de fe ajena a la suya (en este caso concreto, hablaríamos del islam).

Debido a todo ello, el yazidismo es una de las religiones más antiguas que perviven y que peor se conocen, excepto a nivel académico.

El ocultismo moderno, la literatura y la prensa tampoco han contribuido a una comprensión adecuada de esta fe y de sus gentes, aprovechando el prisma musulmán para popularizar la idea algo sensacionalista de que son adoradores del ángel caído, del diablo. El yazidismo como sistema de creencias es complejo, de corazón sincrético y raíces muy antiguas, e intentar resumir su esencia en la deformación de una de sus innumerables peculiaridades es, como poco, engañoso.

Los yazidíes pertenecen a la rama indoirania, de la familia indoeuropea; de hecho, su lengua materna es el kurmanyi, el dialecto mayoritario kurdo, no el árabe. Su religión, que no fue propiamente fundada hasta la reforma de su principal figura, el jeque sufí Adi ibn Musafir (1162), contiene elementos de muy diverso origen, pues con el paso de los siglos fue incorporando elementos de las religiones más influyentes de la zona a su propio sistema. No olvidemos que el yazidismo tiene más de dos mil años de existencia y su ubicación geográfica es muy rica en todo tipo de eventos políticos, culturales y religiosos. Así pues, en esta religión hallamos fundamentos del antiguo mitraísmo, del posterior zoroastrismo, el judaísmo, el cristianismo y, por supuesto, el islam.

Los dos libros principales del yazidismo —una compilación tardía del siglo XIV de toda su extensa tradición oral— son el Libro de la Revelación o Kitab al-Jilwah —considerado la palabra revelada de Melek Taus— y el Libro Negro o Mashaf Resh. Ambos están escritos en árabe y a causa de la severa *taqiyyah* o encubrimiento de las creencias que profesan, su acceso a no creyentes es muy restringido.

En ellos encontramos plasmada una de sus mayores preocupaciones: la pureza religiosa. Esta se expresa a través de la gran cantidad de tabúes, normas y ritos que el yazidismo contiene (oraciones cinco veces al día, no comer lechuga ni aves, no lucir color azul en las ropas ni que estas tengan ranura alguna, etcétera), la jerarquizada estructura social de castas que no se pueden mezclar entre sí nunca, así como en el contacto mínimo imprescindible con no creyentes, a los que no se les permite la conversión si así lo desearan (el matrimonio entre yazidíes y fieles de otras creencias también está prohibido). Este carácter tribal y religioso de la pirámide social yazidí, en cuya cúspide encontramos al emir como líder (cargo de carácter hereditario), no es óbice para que la comunicación entre el fiel y la deidad se haga directamente sin necesidad de mediadores. Aunque recordemos que esta relación es con Melek Taus, el demiurgo y señor del mundo, lo que haría de él el único intermediario, en realidad, entre la humanidad y el Dios oculto, al que llaman Khoda.

El yazidismo puede parecer una religión nueva en un primer vistazo, pero no lo es.

Del mitraísmo conserva elementos como el del sacrificio del toro en otoño, la consideración de la serpiente (en el mitraísmo es la representación del cosmos) y del escorpión (representación del Sol en el mitraísmo) como sagrados. Del zoroastrismo mantiene multitud de festividades anuales agrícolas, oraciones y el carácter sagrado del fuego, así como que el propio nombre de los yazidíes pueda provenir de la palabra avéstica *yazata*, que significa «dioses» o «ángeles». Del judaísmo adaptó la circuncisión (no debemos olvidar que el Kurdistán yazidí fue un lugar de exilio hebreo importante), María y Jesús tienen una honorable posición como santos y los textos sagrados yazidíes poseen un claro barniz musulmán. La influencia del islam, por ser la última gran religión con la que el yazidismo ha tenido contacto, es la más fácil de percibir, teniendo en cuenta, además, que su mismo fundador fue sufí.

Pero si queremos ir incluso más atrás en el tiempo, podemos advertir que su localización geográfica coincide con los restos de la ciudad sagrada de Hatra, dedicada a la antigua deidad mesopotámica Shamash, representante del Sol y de la justicia, astro al que los yazidíes reverencian también; y existen más sedimentos acadios o babilonios en diferentes deidades que entre los yazidíes se convierten en «ángeles». También de muy antiguo estrato, probablemente protoindoeuropeo, es su creencia en la metempsicosis o reencarnación.

Habiendo sido siempre una religión minoritaria desde sus inicios, sobrevivió discretamente al paso del tiempo de manera oral, evolucionando y fundiendo en su esencia características de las religiones preponderantes en la región. Pero no fue hasta la llegada del islam cuando comenzó a tener voz propia y, a la vez, a ser perseguida y difamada.

Su fundador, Adi ibn Musafir, era de origen noble. Creó su propia orden sufí *(al-Adawiyya)* en el valle de Lalish, cerca de Mosul, lugar de peregrinación sagrado para todo yazidí. Adi ibn Musafir enseñó entre la población local sus preceptos, que fueron tan bien acogidos que convirtieron al maestro sufí en la encarnación viva de su ángel y deidad principal, Melek Taus, el Pavo Real, y así renovaron su fe.

Possessio

El islam, en plena expansión, obligó a los kurdos a convertirse, lo que comenzó a ser un problema de supervivencia bastante serio para los que se negaban, como fue el caso de los yazidíes. Las persecuciones y masacres eran los recursos habituales contra los paganos que no pertenecieran a una de las religiones del Libro, con los que eran más condescendientes. Bajo el poder del califa Umar ibn al-Jattab (634-644), conocido como Al-Faruq (el que distingue el bien del mal), los yazidíes sufrieron tal hecatombe que siguen utilizando el término *Sorka Alem* (Mundo Rojo) para describir ese periodo de su historia.

Los yazidíes no poseyeron ningún tipo de derecho como comunidad hasta que fueron reconocidos por el Imperio otomano a mediados ya del siglo XIX, aunque este no tardó mucho en enviar una expedición militar para convertirlos. Falló. Lo habían intentado, no obstante, antes, en el siglo XVII, cuando asesinaron a más de cinco mil yazidíes en las comunidades que rodeaban el monte Sinjar, al noroeste de la actual Irak. Durante la Primera Guerra Mundial, los otomanos atacaron de nuevo. Durante el resto del siglo XX, la situación de los yazidíes no mejoró, sino que se fue limitando. La guerra Irán-Irak, el régimen de Sadam Huseín y la posterior guerra de Irak no han contribuido en absoluto a su conservación y, en la actualidad, las expectativas de los yazidíes distan mucho de ser halagüeñas.

Se opina, de manera general, que el hostigamiento continuo hacia los yazidíes se debe a su culto al diablo, aunque este pretexto es reciente. En siglos anteriores, la acusación consistía en que los yazidíes eran defensores del califa Yazid I, de ahí que también se considere la posibilidad de que la etimología de su nombre proceda del segundo califa omeya.

Este hecho los convertía en partidarios de los suníes en pleno corazón chií del islam, y en una época bastante delicada en cuestiones políticas... y religiosas. Sin embargo, durante los siglos xv y xvi lograron medrar y conseguir puestos importantes entre su pueblo, el kurdo, aunque las progresivas conversiones al islam y la permanente persecución religiosa mermaron sus fuerzas notablemente, lo que los obligó a reforzar su posición endogámica de rigurosa ortodoxia religiosa hasta casi nuestros días.

A partir del siglo xix y sobre todo en el siglo xx, la idea de que eran adoradores del ángel caído se extendió eclipsando a la anterior. Esta proviene de una interpretación inexacta de la prohibición yazidí de pronunciar el otro nombre (Shaytan) de su ángel y deidad principal, Tawûsî Melek o Melek Taus, y que corresponde al nombre del demonio islámico.

El hecho de que se trate del ángel primordial de Dios y de que se rebelara contra él beneficia esta idea, pero se basa en una completa omisión de la larga trayectoria del yazidismo.

La visión general del yazidismo sigue siendo todavía algo fragmentaria y está contaminada por los enfrentamientos político-religiosos, el transcurrir del tiempo y el propio aislamiento de los yazidíes.

Todavía tenemos mucho que descubrir sobre esta antigua religión y el camino para una mejor comprensión de su mundo, aunque el panorama, al menos en ese aspecto, va despejándose gracias a la labor de yazidíes exiliados en Alemania, Suecia, Armenia, etcétera, que desde distintos campos tratan de dar a conocer su pueblo. Los escritores Jalil Rashow, Jalile Jalil, la política Feleknas Uca y la nobel de la paz Nadia Murad son un ejemplo de la apertura de este pueblo al mundo, que busca auxilio para sobrevivir ante la barbarie a la que ha sido sometido.

Destructio

El 22 de abril de 2007, varios hombres armados, de identidad desconocida, detuvieron un autobús lleno de obreros de una fábrica textil en la ciudad iraquí de Mosul, al norte del país. Obligaron a sus viajeros a apearse dejando libres a los cristianos. Los trabajadores yazidíes fueron alineados frente a un muro y acribillados por un pelotón de ejecución. El resultado, veintitrés personas muertas y dos con heridas de gravedad. Las víctimas eran todas de la ciudad de Bashika, cercana a Mosul, zona de refugio habitual tanto de cristianos como de yazidíes a causa de la persecución étnico-religiosa.

El general de brigada Mohammed al-Waggaa señaló que los asesinatos pudieron ser consecuencia del incidente ocurrido hacía dos semanas, en el que una mujer joven murió apedreada a manos de sus familiares al, supuestamente, convertirse al islam para casarse con un musulmán suní. La comunidad yazidí condenó unánimemente el hecho con inmediatez (salvo los familiares de la víctima que se encuentran en prisión), pero el odio histórico entre musulmanes y yazidíes aprovechó la brutalidad para organizar la suya propia.

Hebert Yegorova, portavoz de la Asociación Yazidí por la Paz, declaró: «Esto es inaceptable porque los yazidíes, además de ser una minoría en Irak, hemos sido discriminados por nuestras creencias y forzados a aislarnos para permanecer vivos». Esta misma asociación aseveró que más de doscientos yazidíes habían sido asesinados desde la invasión estadounidense en 2003 a pesar de permanecer bajo el Gobierno regional de Kurdistán: «Estamos desesperados y con esta masacre seguramente habrá pronto más asesinatos [...]. Hoy nuestra organización recibió una carta con amenazas donde se dice que la masacre fue solo el inicio de la suerte de todos los yazidíes».

Después de los ajusticiamientos, centenares de yazidíes tomaron las calles de Bashika; los comercios cerraron y los musulmanes residentes se encerraron en sus casas por miedo a las represalias.

La lapidación de Du'a Khalil Aswad no se puede considerar, tristemente, una excepción en un territorio donde los «crímenes de honor» son habituales. En Oriente Medio, la situación de la mujer es precaria, sea cristiana, musulmana, drusa o yazidí, a causa de una cultura patriarcal tiránica e irracional. Aunque esta lacra, en realidad, trasciende religiones y naciones, pues podemos encontrarla por todo el planeta.

Du'a Khalil Aswad cometió el error de enamorarse de un muchacho musulmán y huir de casa con él, lo que encendió la ira de su familia por unirse a un infiel. El yazidismo es muy estricto y no permite el matrimonio entre personas de distinta casta, y mucho menos con no yazidíes. El hecho de ausentarse de su hogar ya de por sí se podría considerar una deshonra al tratarse de una mujer, así que las circunstancias empeoraron cuando se comenzó a rumorear que la joven incluso se había convertido al islam. Los hechos no están muy claros, pero probablemente la joven, con remordimientos y miedo a la vez, pidió ayuda a un anciano yazidí de su comunidad que la albergó durante cinco días hasta que sus familiares, arteramente, la atrajeron de nuevo a su casa con la garantía de que la habían perdonado. Se desconoce si la joven llegó a su casa o no, pero fue conducida a la plaza de Bashika y apedreada por centenares de personas, entre las cuales se encontraban su hermano, su tío y su primo. La brutal inmolación fue grabada con teléfonos móviles, y su difusión por internet a lo largo y ancho del globo provocó consternación y horror. Du'a Khalil Aswad se debatió por su vida durante treinta minutos en los que no dejó de pedir ayuda y tratar de levantarse bajo una lluvia de piedras y patadas hasta que un desconocido le aplastó el cráneo con un enorme bloque de hormigón. Tras su muerte, el cuerpo fue atado a un coche y arrastrado por las calles para ser finalmente enterrado junto a los restos de un perro. Poco después, su cuerpo fue exhumado y trasladado al Instituto Médico-Legal de Mosul, para comprobar si había muerto siendo virgen.

Mirza Hasan Dinnayi, experto en minorías étnicas de Oriente Medio y coordinador de la Comunidad Yazidí Democrática, expresó su desolación y declaró: «Todos los líderes y las asociaciones yazidíes condenan terminantemente este acto bárbaro». Y en la ciudad de Erbil se sucedieron diversas manifestaciones en contra de los «crímenes de honor».

No obstante, este atroz asesinato, que mostró también la vergonzosa pasividad de las fuerzas de la ley, fue aprovechado por diferentes grupos radicales islámicos para azuzar un fuego ya encendido desde hace siglos entre musulmanes y yazidíes. Du'a Khalil Aswad fue considerada por estos radicales una mártir, exigiendo venganza. Y la venganza llegó.

El 15 de agosto de ese mismo año, al menos ochocientas personas fueron asesinadas y mil quinientas fueron heridas en un atentado suicida sincronizado en las poblaciones de Qahtaniya y Jazeera, cercanas a Mosul. Varios coches bomba detonaron a las ocho de la mañana en las calles de estas comunidades yazidíes. Barrios enteros fueron arrasados por las dos toneladas de combustible que fueron utilizadas para el atentado. Cientos de personas agonizaron enterradas vivas bajo los escombros esperando un rescate que, a causa de la insuficiencia de medios, se realizaba a mano. La catástrofe humanitaria desbordó los hospitales de Mosul y alrededores, que se vieron incapaces de atender a heridos y moribundos por carecer de medicinas, comida e incluso de agua.

Pero la salida de los estadounidenses iba a empeorar esta realidad hasta niveles inimaginables.

Agosto de 2014, mes del genocidio yazidí. El día 1 las milicias iraquíes y los *peshmergas* defendían del Daesh la ciudad de Sinjar. El frente se extendía hacia el este, donde los terroristas ya tenían en su poder Mosul, haciendo llamamientos a realizar asesinatos en masa entre yazidíes. En zonas conquistadas ya habían perpetrado varias masacres, ochenta y una localidades cercanas a la ciudad eran auténticos mataderos de yazidíes. Entre los días 2 y 3, los *peshmergas* y las milicias iraquíes se retiraron de manera repentina y sin previo aviso; el día 3 a las ocho de la mañana, el Daesh ya había penetrado en la ciudad. Es difícil de calcular las muertes del día de la toma de Sinjar, pero se calculan miles, sobre todo de mujeres ancianas, bebés y varones. Acribillados o decapitados, arrojaban sus cuerpos a los pozos de agua. Se estima también que unas once mil mujeres y niñas fueron secuestradas, torturadas y vendidas como esclavas para su explotación sexual o venta de órganos en el mercado negro. Todo el que pudo huyó de Sinjar. Los más afortunados, que salieron antes del día 3, pudieron llegar a Siria; otros cincuenta mil yazidíes se echaron al monte. Unas montañas que se convirtieron en el coto de caza particular del Estado Islámico. Durante catorce días, decenas de miles de personas permanecieron acorraladas, hambrientas, sin ningún tipo de medios. El Daesh mató allí a unas trescientas personas al día y secuestró a unas seis mil, de las cuales tres mil quinientas eran mujeres. Finalmente, las milicias kurdas de Siria afiliadas al Partido de los Trabajadores del Kurdistán (PKK), así como los operativos en Turquía e Irak, lograron abrir un corredor entre la muga siria y las montañas de Sinjar. Decenas de voluntarios partieron de Rojava con sus coches y, con los medios técnicos aportados por las milicias, también llevaron a cabo una complicada evacuación no solo de las montañas, sino, además de las poblaciones aledañas.

En 2014 medio millón de yazidíes vivían en el noroeste de Irak. En la actualidad, trescientos mil de ellos se encuentran en precarios campos de refugiados en Siria y Kurdistán, atrapados en tiendas de campaña ajadas, sin acceso adecuado a alimentos, agua, electricidad, educación ni oportunidades de progresar de alguna manera. Por otro lado, los yazidíes han denunciado estar siendo perseguidos en la región de Afrin, Siria. Esta se encuentra ocupada por islamistas y mercenarios al servicio de Turquía. Se habla de limpieza étnica y conversiones forzadas llevadas a término por Ankara. Cientos de miles de cristianos, kurdos y yazidíes que allí residían han terminado huyendo.

Tanto Naciones Unidas (ONU) como la Unión Europea consideran lo acaecido durante esa quincena de agosto un genocidio. El Estado Islámico no solo asesinó a decenas de miles de personas, sino que destruyó sistemáticamente patrimonio cultural yazidí, por lo que el riesgo de que la cultura yazidí se pierda para siempre es muy real. Unos ochenta mil yazidíes han regresado a Sinjar, pero su futuro peligra, ya que se trata de una región inestable. Es su cuna ancestral, aunque también un polvorín.

Las heridas siguen abiertas, será muy difícil que sanen en muchísimo tiempo. Decenas de fosas comunes siguen sin exhumar, miles de personas permanecen en la esclavitud; a pesar de los esfuerzos por recaudar dinero para liberarlas, casi tres mil siguen desaparecidas y muchas de las que consiguen regresar con sus familias sufren el estigma de haber sido prostituidas, viéndose obligadas a elegir entre abandonar a los hijos engendrados en semejantes circunstancias o no poder volver con los suyos. La tradición yazidí solo reconoce a los niños cuyos progenitores sean ambos miembros de la comunidad.

Las consecuencias de estas atrocidades perdurarán durante generaciones, y tras casi una década de lo acaecido, el pueblo yazidí continúa necesitando ayuda.

ESPEJO IV

Loki

Manifestatio

Loki.

(Tela marinera con Loki, queridos.)

Loki se ha convertido, por derecho propio, en uno de los personajes más distinguidos de la cultura pop de nuestra época. Casi todo el mundo siente cierta simpatía por la figura del antihéroe, que es en lo que los productos audiovisuales han ido convirtiendo a Loki, el villano. Sin embargo, no debemos perder de vista que sigue siendo un villano, aunque nos caiga bien y nos veamos reflejados en él a ratos.

Loki, como invención de Marvel Comics, es una clara adaptación de la deidad nórdica del mismo nombre. Y mantiene muchas de sus características, aunque se distingue en otros aspectos. También existen diferencias entre el Loki de los tebeos y el del universo cinematográfico de Marvel, si bien entre los tres distintos Lokis existe una coherencia que los hace identificables por cualquiera. El Loki de la ficción es algo más benévolo y accesible que el mitológico, cuya naturaleza poliédrica no ha hecho más que desconcertar, exasperar y ofuscar a los estudiosos. Algo, por otro lado, también muy propio de la naturaleza de este dios.

Como personaje de cómic, Loki aparece por primera vez en el número 6 del tebeo *Venus* (1949). Allí es presentado como el príncipe del mal, con el cabello pelirrojo, vestido de escarlata, rostro chupado y cejotas perversas. «Muajajaja.» Sin embargo, fue en la caracterización del número 85 de *Journey into Mystery* (1962) donde lo vemos aparecer, enfrentado a Thor, con sus grandes cuernos y el clásico atuendo verde. Es presentado como el «dios de la travesura», y así hasta nuestros días gracias al trabajo de Stan Lee, Larry Lieber y al diseño nuevo que aportó Jack Kirby.

Loki, en Marvel, es hijo del rey de los gigantes de hielo de Jötunheim, Laufey (en la mitología Laufey es de género femenino), que murió combatiendo contra Odín. Tras la lid, Odín *Alföðr* descubrió que Laufey estaba ocultando a un niño, un niño del tamaño de un asgardiano, lo que para pertenecer a la raza de los gigantes se podía considerar muy pequeño. Su padre lo mantenía oculto por vergüenza, pero Odín lo tomó y lo llevó a Asgard, criándolo junto a su propio hijo, Thor.

Pero Loki creció dolido y amargado, sus habilidades innatas y su poder, que no eran baladíes, no despertaban estima y admiración entre los asgardianos. La valentía, la fuerza y la tenacidad en la batalla eran virtudes que pertenecían a Thor, y por él sentía una envidia honda y feroz. Thor era el favorito y el heredero de su padre adoptivo Odín, de modo que Loki se sintió descuidado y se acercó más a su madre Frigga, de la que aprendió a usar y perfeccionar la magia.

¿Y cuáles eran esas cualidades no tan apreciadas por la sociedad de Asgard? Una habilidad como mago sin parangón, ni siquiera Karnilla, la más poderosa hechicera asgardiana, lo supera; así como una inteligencia artera que es capaz de sacar provecho hasta de las situaciones más comprometidas. Se trata de un intrigante al que no le importa usar tantos peones como sean necesarios para lograr sus fines, y manipular le resulta como respirar. Puede crear ilusiones del tamaño de ciudades enteras o engañar a entidades tan poderosas como Surtur. Gracias a su destreza mágica, puede superar heridas mortales como la decapitación, incluso ha concebido un procedimiento para engañar a la muerte. Y todo esto no le impide, además, ser versado en tecnología.

Otra de las gracias con las que está adornado nuestro querido Loki es la de la metamorfosis, quizá su competencia más importante. Puede transformarse en cualquier cosa, un pájaro, un mosquito, la Bruja Escarlata o tu padre. Y, por supuesto, como criatura sobrehumana, posee otros talentos como volar, fuerza y velocidad sobrenaturales, inmunidad a las enfermedades, etcétera.

Eso sí, casi siempre ha sido dibujado con cara de abuelete mezquino. La juventud y la belleza pertenecen a Thor y su séquito.

A pesar de todas estas virtudes, el resentimiento que fue acumulando sobre su ya natural predisposición a las diabluras se convirtió en profunda maldad. Y durante siglos no cejó en tratar de matar a Thor y hacerse con el poder absoluto en Asgard. A lo largo de toda su historia comiquera, Loki, que ha brotado como un hongo venenoso en numerosas colecciones, siempre ha procurado la destrucción de Thor de manera directa o indirecta, se ha enfrentado a todo aquel (Alpha Flight, Patrulla X, Nuevos Mutantes...) que osara interferir en sus planes de dominación universal y, por supuesto, ha disfrutado haciendo, simplemente, el mal por el mal.

Una de las obras que mejor plasma la naturaleza atormentada y veleidosa de Loki es, precisamente, la miniserie *Loki* (2004), con Robert Rodi al guion y el croata Esad Ribic en los pinceles. Se trata de una tragedia donde se nos muestra a un Loki, por fin, victorioso. Loki derrota a Thor, derroca a Odín y conquista Asgard. El eterno perdedor ha triunfado, pero se trata de un éxito vacío. Después de tanto tiempo siendo humillado y vencido, no ha conocido otra cosa más que la lucha por lograr sus fines, y cuando por fin ha ganado, se da cuenta de que no hay ninguna gloria en ello. Le disgustan las responsabilidades inherentes al gobierno, no desea enfrentarse a las consecuencias de sus actos y huye de sus compromisos. La desilusión de un déspota adolescente. Karnilla le pide a Balder, Hela exige el alma de Thor, Odín llora en su celda por no haber sido mejor padre, y Thor, de rodillas y ensangrentado, escoge el silencio. *Loki* es un viaje a través de la vida del dios de la mentira, su pasado, su presente y su futuro; y sobre cómo, además, en este mundo y en otros millares más su destino es inmutable y eterno. Y Loki se rebela ante su *fatum*. Se trata de un tebeo congestionado de melancolía, con un dibujo y unos colores magistrales que expresan a través de su falso estatismo la solemnidad de una tragedia clásica. Esad Ribic se inspira en Frank Frazetta o Alex Ross para crear un mundo entre la niebla, solitario y sin porvenir.

Infesto

El Loki del universo cinemático de Marvel está creciendo todavía, pero lo hace con tal rapidez que desde su nacimiento no ha parado de influir en el sinvergüenza del tebeo. Y corre el riesgo de devorarlo, pues, no en vano, se ha nutrido de él. Tampoco sería la primera vez ni resultaría extraño que la figura audiovisual acabara reemplazando en el imaginario colectivo a la original mitológica o comiquera.

Loki está interpretado por el actor británico Tom Hiddleston (1981, Londres), por lo que, para empezar, lo hace bastante más guapo que su hermano mayor. Aparece en las pantallas la primera vez en la película *Thor* (Kenneth Branagh, 2011) y a partir de ahí ha sido un personaje recurrente en la saga de *Vengadores* y otros filmes de Thor. Aunque su aspecto no es tan ajado como el del cómic, que fluctúa entre la caricatura y lo teatral, se optó por una presencia poderosa, pero famélica, capaz de provocar terror y, a la vez, con claras pinceladas pícaras. Una presencia peligrosa e imprevisible de sonrisa siniestra. El Loki de Hiddleston se toma muy en serio el arquetipo de *trickster*, y ondula sin rubor entre el lado oscuro y la redención. Quizá sea el que más se asemeja al Loki mitológico en su naturaleza ambivalente y multiforme, pero también el que más se aleja por procurarle un halo de humanidad del que, en realidad, carece, transformándolo en antihéroe. Esto es patente de manera especial en la primera temporada de su serie televisiva, *Loki* (2021), donde culmina la evolución del personaje. Al menos hasta ahora.

Hiddleston ha sabido con gran soltura hacer crecer a Loki. Hemos presenciado cómo su hambre atronadora de poder o su megalomanía y narcisismo podían disculparse gracias a sus sacrificios en *Thor: Ragnarok* (Taika Waititi, 2017) y en *Vengadores: Infinity War* (Anthony y Joe Russo, 2018). A la vista de todos han quedado sus celos fraternales, tan humanos; su elemental deseo de respeto y su intensa angustia espiritual. Y en la serie televisiva hemos podido también gozar de un Loki enamorado (de sí mismo, no podía ser de otra forma, pero enamorado) o de su género fluido, tan manifiesto en la figura mitológica.

Sin embargo, a pesar de estas afinidades con el Loki de la tradición nórdica, que permiten una identificación superficial inmediata, este último es un abismo negro y sin fondo en comparación con sus hermanos pequeños. El Loki de la mitología es un misterio dentro de otro misterio, incomprensible para una mayoría y que continúa suscitando debates y controversia entre los especialistas. En cuanto se hurga un mínimo en su figura, se comprende que resulte más fácil aceptar los Lokis de Marvel que un *daimon* polimorfo sin función específica (eso según George Dumézil) salvo la de traer el CAOS. Con mayúsculas, sí.

Possessio

Loki Laufeyjarson. De esta manera es nombrada con frecuencia la entidad nórdica Loki en la *Edda poética*. Con el matronímico, cosa singular entre pueblos indoeuropeos, tan patriarcales ellos. Porque su madre es Laufey, también conocida como Nal, bella y esbelta como una aguja de abeto. Su marido es un *jötunn* o gigante de hielo llamado Fárbauti, terrible y violento, padre de Loki también. Sus hermanos son Helblindi y Býleist. No se sabe demasiado de los cuatro.

Loki es hermoso y encantador, no hay dios más ingenioso que él, ni siquiera Odín lo supera en sagacidad. Es su par, su lado oscuro. Loki resulta elocuente, sutil y posee una mente como un cuchillo. Lo llaman el Caminante del Cielo. Nadie pensaría que un ser tan brillante pudiese albergar tamaña lobreguez en su interior. Porque Loki es el señor de la mentira, envidioso y asesino. Le gusta beber sin mesura y no conoce el autocontrol.

Podríamos presentar así a Loki (también Loptr o Hvedrungr) de forma escueta y bastante simplona, pero no sería hacerle justicia. En absoluto.

A pesar de que con toda probabilidad sea la criatura más nombrada en la tradición mitológica, no existe consenso sobre su naturaleza, lugar ni función. Loki todavía resulta un enigma que, quizá por prejuicios, somos incapaces de descifrar. Se trata de una figura compleja, polifacética, llena de aparentes contradicciones, pero, en realidad, esas pretendidas disonancias cristalizaron hace ya mucho tiempo, formando un ente cognoscible y coherente para las culturas escandinavas. Loki no es una mera resonancia del Lucifer cristiano ni tampoco una incorporación medieval, es un personaje que, ciertamente, ha ido evolucionando a lo largo del tiempo, pero cuyo núcleo fundamental, con todas sus características primordiales, pertenece al legado nórdico. Y esas características son las que señala Snorri Sturluson en su *Edda menor*, son las que aparecen con anterioridad en la poesía escáldica o las que se encuentran en inscripciones rúnicas. Loki es un dios malvado cuya meta final es la destrucción.

¿Cómo afrontar el estudio de semejante ser? De ahí las eternas discrepancias que han rodeado a Loki. En la mayoría de las ocasiones, el enfoque adoptado para su análisis no solo ha constreñido, sino también amputado su figura. Loki no es solo el *trickster*, tampoco la personificación del fuego que Jacob Grimm afirmaba y que Wagner popularizó en su ópera *El oro del Rin*. Tampoco es una figura reciente empapada de cristianismo. Loki es mucho más.

Aunque es contado entre los ases o *æsir*, las divinidades principales del panteón nórdico, Loki es una anomalía sin culto ni templos ni seguidores. De hecho, siendo estrictos, es un gigante. Aunque Odín lo considerara su hermano por un pacto ancestral o acompañara en bastantes de sus correrías a Thor. Lengua de Plata es un habitual en Asgard y convive de pleno con los *æsir*. Tanto es así que incluso participó en la creación del hombre junto a Odín y a Hoenir (un dios menor de la inteligencia). El primero brindó el soplo vital; el segundo, el pensamiento; y Loki, la buena presencia física y el don de la palabra. En la balada feroesa *Loka Táttur*, estos mismos dioses ayudan a un granjero frente a las exigencias de un gigante, y el propio Loki muestra auténticos rasgos benévolos. Sin embargo, esta última historia es una excepción. Loki es el *outsider* del panteón nórdico, azote de los dioses y el mayor especialista en hacer el mal en todas sus variantes, desde la travesura divertida hasta el aniquilamiento total del cosmos. Ese es Loki. Una criatura amoral y traidora, a veces genio ridículo, otras padre de monstruos, pero siempre diabólico.

Y si bien su relación con los dioses es indudable, el vínculo con el inframundo también se encuentra bien establecido. Loki tiene como esposa a una *æsir*, Sigyn, con la que engendró dos hijos, Narfi y Váli; no obstante, también procreó con la *jötunn* Angrboda al aberrante lobo Fenrir, a Jörmungandr, la serpiente colosal que rodea el mundo como un monstruoso uróboro, y a Hel, que reina sobre los muertos que no han muerto en batalla, bajo una raíz de Yggdrasil, en el dominio más tenebroso de Niflheim: el Helheim. También Snorri Sturluson, en el poema *Hyndluljóð*, nos cuenta lo siguiente:

> Corazón de mujer Loki comió,
> en fuego de tilo lo halló medio asado:
> preñado Lopt quedó de la hembra;
> de allá provienen las brujas todas.

Loki es padre y madre de dioses, monstruos y brujas; transita entre el cielo y el infierno con naturalidad; es aliado y adversario a la vez. Y, aún tuvo más descendencia, pero no de la forma usual: transformado en yegua, concibió y parió un potro del caballo de un gigante, y este potro se convirtió luego en la famosa cabalgadura de Odín, Sléipnir, de ocho patas. Porque la sexualidad de Loki es fluida, polimorfa y fecunda. Varios dioses le reprochan su naturaleza mutable, lo llaman «marica» y «el *æsir* poco hombre que ha parido». Pero Loki el Múltiple, por otro lado, también ha mantenido relaciones sexuales con la mayoría de las diosas de Ásgard, incluso ha tenido descendencia con la esposa de Tyr. Todo esto nos muestra que Lengua de Plata no es solo un maestro del disfraz, sino que es capaz de una metamorfosis íntegra que explora géneros y especies a la perfección.

Loki es una entidad veleidosa y cambiante, de una inteligencia taimada e impetuosa que la mayoría de las veces acarrea desgracias. Su *modus operandi* es casi siempre el mismo: su temperamento impulsivo lo mete en líos, unos líos que involucran a otras deidades y criaturas. La bola de nieve se hace tan enorme que amenaza con fracturar el equilibrio del universo. Los dioses intimidan a Loki con la muerte para que solucione el entuerto y este, mediante su astucia y otras argucias, logra reparar el daño causado con alguna propinilla añadida. Esta «propina» puede ir desde una nueva cabellera de oro para Sif, la esposa de Thor, al conjunto de armas y emblemas por los que son conocidos los principales *æsir*.

Pero si hay una dimensión que no hay que perder de vista en ningún momento de Loki, y que, además, define su esencia, es la maldad. El Caminante del Cielo es un ser maligno y su cometido vital siempre ha sido la destrucción. Su papel en el arranque del *ragnarök* o destino de los dioses es trascendental, y durante la batalla final son él y sus hijos los que se alinearán contra los *æsir*.

Destructio

¿Quién querría matar al *æsir* más bondadoso de Asgard? Balder, dios de la verdad, el perdón y la paz, tenía unas pesadillas terribles. Su madre, Frigg, preocupada por esos presagios donde borbollaba la muerte de su hijo, decidió hacer jurar a todas las criaturas del mundo que jamás le harían daño. Y así fue, salvo que el muérdago no lo hizo. ¿Y desearía el muérdago herir a Balder? Por supuesto que no, pero alguien con mucha ira y crueldad, sí. Loki. El dios de la destrucción planeando asesinar al dios que une y asegura el orden en el cosmos, qué inesperado.

Los dioses habían agraviado a sus tres hijos, Fenrir, Jörmungandr y Hel, y decidió vengarse golpeando donde más iba a doler: dejando huérfano al mundo de bondad y armonía. Disfrazado de anciana, sonsacó a Frigg ese pequeño despiste del muérdago, y con una rama de esta planta hizo una flecha.

Mientras tanto, Balder se sentía ya más seguro, y propuso a los dioses un juego en el que le podían arrojar lo que quisieran, ya que no iba a sufrir ninguna herida. Así estaban pasando un buen rato cuando Loki le entregó la flecha a Höðr, el hermano ciego de Balder, y lo ayudó a lanzarla. El muérdago atravesó el pecho del dios y murió en el acto.

Los *æsir* estaban desolados al ser privado el universo de la justicia y la luz, el *ragnarök* se abriría paso. Sin embargo, Frigg no se rindió, y pidió al dios Hermod que descendiera al inframundo para rogarle a Hel que liberara a Balder. Hel accedió, pero solo si todas las criaturas lloraban por él. Y todas lo hicieron, salvo una giganta llamada Thok, que rehusó. De esta manera, Balder permanecería en Helheim hasta después del fin del mundo.

Sin embargo, los dioses descubrieron que Thok no era más que Loki disfrazado, de modo que, furiosos, decidieron castigarlo. Tomaron a sus hijos, Váli y Narfi, convirtiendo a uno de ellos en un lobo, que mató a su hermano, y con sus intestinos sujetaron a Loki a tres piedras afiladas. Luego la diosa Skadi lo rodeó y ató con una serpiente, cuya boca segregaba un veneno que caía sobre su rostro. Solo la constancia y lealtad de su mujer, Sigyn, que recogía en una jofaina la ponzoña, era su único alivio. Sin embargo, de vez en cuando debía vaciarla, y cuando esto sucedía, Loki se retorcía de dolor, provocando terremotos.

Pero tarde o temprano Loki se liberará. Así lo cuenta la *Völuspá:*

> Por el mar en el barco vienen del este
> los hijos de Múspel, Loki al timón;
> los monstruos todos avanzan con él,
> el lobo los trae, el hermano de Býleist.

Loki, al frente de los hombres de Hel y junto a sus hijos, el lobo y la serpiente que matarán a Odín y a Thor, respectivamente, se dirigirá a la batalla final, donde morirá en manos de Heimdall, al que también asesinará. Loki fue y será el instigador del fin del mundo, y junto a sus retoños participará furiosamente en su destrucción. Solo la esperanza de Balder resistirá cuando renazca un nuevo cosmos.

ESPEJO V

Los caídos de Tolkien

Manifestatio

No hacen falta demasiadas presentaciones cuando se trata de John Ronald Reuel Tolkien (1892-1973) pero, por si las moscas, se trata del padre de la fantasía moderna. Más concretamente de la alta fantasía. Hubo otros antes que él, por supuesto, como lord Dunsany, Robert E. Howard o Eric Rücker Eddison, que con su audacia e imaginación cimentaron el género literario y fueron, y siguen siendo, inspiración para millones de personas, incluido el propio Tolkien. Sin embargo, *El hobbit* (1937) y sobre todo la trilogía de *El señor de los anillos* (1954) fueron un punto de inflexión no solo en la fantasía, sino en la literatura del siglo XX. Ya son un icono pop.

J. R. R. Tolkien creó el equivalente cultural de todo un pueblo; esa había sido su intención desde el principio. De su mente surgió un nuevo universo, un *legendarium*, usando sus propias palabras, donde lenguas inéditas, criaturas y seres nunca vistos, reinos, regiones y paisajes conformaron a través de milenios la cosmogonía e historia de Arda (la Tierra), de Eä (el universo). Pero la vida del hombre es finita, y la ingente labor que suponía esta invención quedó en parte inconclusa, aunque con un corazón completo y palpitante. Irrumpió ahí entonces el trabajo de su hijo, Christopher Tolkien, que recopilando y editando los textos más importantes de su padre nos obsequió con *El Silmarillion* (1977), imprescindible para conocer y comprender esta enorme fantasía en toda su dimensión. Muchos más escritos suyos, como *Las aventuras de Tom Bombadil* (1966), *Cuentos inconclusos de Númenor y la Tierra Media* (1980) o la serie de

trece libros *La historia de la Tierra Media* (1983-1996) contribu-
yeron a perfeccionar el *legendarium*. La mayoría de estas obras
han sido publicadas de manera póstuma, gracias a la labor de su
hijo Christopher.

Tolkien deseaba ofrecer al pueblo inglés una mitología pareja a la del mundo grecolatino, y para ello encontró su inspiración en las leyendas del norte de Europa, como el cuento de
Kullervo de la gran epopeya finlandesa *Kalevala*, *El cantar de
los nibelungos*, *Beowulf*, *Sir Gawain y el Caballero Verde*, las
Edda o *Macbeth* (1623) de William Shakespeare. Pero también
influyeron en sus trabajos cuentos de hadas más modernos
como *El maravilloso país de los snergs* (1927) de Edward
Wyke-Smith o sus propias experiencias vitales, como las gue-
rras mundiales, su amor a la naturaleza y su desdén por la Re-
volución Industrial o su profunda fe católica. Porque J. R. R.
Tolkien era un católico fervoroso, de mente conservadora y
tradicional. Así que la Biblia fue también una fuente de material importante para su *legendarium*.

De este modo, los caídos de Tolkien no pueden evitar reflejar
un viso tanto pagano como cristiano, aunque en especial el vínculo de su cosmogonía con la tradición católica y la filosofía
platónica resulta nítido. No se trata de ninguna alegoría, sino del
relato personal de Tolkien sobre la creación *ex nihilo* de su mundo, un mundo que no puede existir al margen de Dios. Y el dios
de su *legendarium* se llama Eru o Ilúvatar. Como el Yavé judeo-
cristiano, se encuentra rodeado de una corte de espíritus angéli-
cos, nacidos de su pensamiento: los ainur, «los sagrados». Algunos de ellos, los más poderosos, descendieron a Arda, y como
auténticos demiurgos llevaron a cabo la construcción del mundo
bajo los designios de Eru. Estos fueron los valar o «poderes de la
Tierra», que a pesar de seguir un boceto poseían la libertad de su
propia creatividad. En total llegaron quince, aunque uno ya no
se cuenta entre ellos. El primer caído.

El Silmarillion se abre con la historia «Ainulindalë», la música de los ainur. Es una teogonía maravillosa donde Tolkien nos
cuenta el origen de su universo, la presentación de los ainur y la
creación del mundo a través de la música y la palabra.

Todos los ainur fueron alentados por Eru a crear una gran música, inspirada en un tema que les había enseñado. Todos podían unir sus propios recursos y poderes, y como estaban inflamados por la Llama Imperecedera de Ilúvatar, concibieron en armonía conjunta una música que pronto desbordó y se volcó en el Vacío.

Sin embargo, «Ainulindalë» también es el relato de la caída primigenia. El más poderoso de los ainur tenía la costumbre de visitar el Vacío y buscar en él la Llama Imperecedera. Le impacientaba que Eru no se ocupara de su desnudez, y pronto comenzó, en su soledad, a tener pensamientos muy distintos a los de sus hermanos. Deseaba dar ser a cosas propias, pero eso nunca podría suceder, ya que el Fuego Secreto que tanto buscaba se encontraba solo en Ilúvatar, y solo Ilúvatar tenía la capacidad de crear cosas nuevas. Y desconociendo esto, pero con el brío de su deseo, entretejió estos pensamientos que no tenían en consideración el tema de Eru, buscando más poder y gloria de los que le habían sido asignados. Una gran discordancia emergió en la música que desconcertó a muchos ainur, haciéndolos vacilar y dudar; sin embargo, otros adaptaron su música y la discordancia se extendió todavía más. Tres veces tuvo que intervenir Ilúvatar, levantándose de su trono, para apaciguar el caos, la furia y la oscuridad que provocaron estas disonancias.

> (...) Ningún tema puede tocarse que no tenga en mí su fuente más profunda, y que nadie puede alterar la música a mi pesar. Porque aquel que lo intente probará que es solo mi instrumento para la creación de cosas más maravillosas todavía, que él no ha imaginado. [1]

Estas fueron las palabras de Eru para Melkor, el que «se alza en poder». El más poderoso de los ainur que luego fue conocido como Morgoth, *el Enemigo Oscuro*. Aunque tuvo también otros apelativos, como Bauglir *el Opresor*, Belegurth, la *Inmensa Muerte*, el Maestro de las Mentiras, el Señor de la Oscuridad o el Negro Enemigo del Mundo. Ese fue Melkor y esta fue su caída.

1. R. R. Tolkien, «Ainulindalë», en *El Silmarillion*, Barcelona, Minotauro, 2002.

Infesto

Melkor es el rebelde necesario de toda mitología, y cayó incluso antes de que el mundo físico existiera. De hecho, en el *legendarium* de Tolkien pocas cosas hay que puedan considerarse «mal absoluto», algo en lo que el propio Tolkien no creía. Melkor fue creado «bueno» y el ser más poderoso tras el mismo Ilúvatar. La vastedad de su poder primigenio era incalculable, pero con el tiempo fue declinando de tal manera que al final de la Primera Edad era menos poderoso que su lugarteniente, Sauron, en la Segunda Edad. ¿Y todo esto por qué? Para comprenderlo, hay que entender otras cuestiones antes.

Después del rapapolvo a Melkor (que lo llenó de rencor), Eru se dirigió al Vacío y mostró a los ainur una imagen de la música que habían interpretado. Un globo prodigioso flotando en el abismo, que crecía y donde se extendía la vida. Este había sido el canto de los ainur, y estos miraban absortos y admirados lo que se desplegaba ante sus ojos, por eso luego supieron mucho de lo que fue y lo que iba a ser. Y aparecían muchas maravillas que ni habían imaginado, entre ellas, las más fascinantes, los hijos de Ilúvatar, elfos y hombres a los que amaron desde el primer momento por ser tan distintos de ellos mismos, extraños, hermosos, libres. Los más poderosos entre los ainur desearon inmediatamente ir a ese lugar, entre ellos Melkor, que ansiaba domeñar a los hijos de Ilúvatar, gobernar otras voluntades, y ser amo y señor. Y envidió las gracias que les habían sido otorgadas a elfos y a hombres.

Pero todo fue una brillante visión, que acabó antes de que los ainur pudieran ver el fin del mundo. Cuando la llama se apagó, fueron conscientes de la oscuridad que la había rodeado.

«¡*Eä!*», exclamó Ilúvatar.

Fue entonces cuando Eru, a través de la palabra, hizo de la visión un mundo físico, creó Arda. Y envió al Vacío la Llama Imperecedera. Este fue el momento de la creación, acto que solo puede ejecutar Eru. Y los ainur que así lo desearon descendieron al mundo, a Arda, para llevar a cabo, dentro de sus capacidades, los prodigios que habían admirado en la visión. Entre ellos había también espíritus menores, los maiar, asistentes de los de mayor jerarquía, aunque a todos se les exigía un alto nivel de compromiso hacia el proyecto: no podrían abandonar Arda hasta su final. Melkor inmediatamente reclamó Arda como suya, pero Manwë, su hermano en la mente de Ilúvatar y segundo en poder entre los ainur, le paró los pies. Sin embargo, Melkor no desistió de sus propósitos, y llevado por los celos que le provocaba el trabajo de sus pares, hacía todo lo posible por destruir y malograr sus obras. No obstante, Melkor no lo hizo solo, otros maiar se unieron a su empeño, que ni el propio Melkor sabía exactamente cuál era, salvo el de arruinar lo que hacían otros. Y él solo logró que los valar se retiraran de la Tierra Media, obligándolos a vivir aislados del lugar donde iban a despertar los hijos de Ilúvatar, sin poder realizar en plenitud sus propósitos para Arda.

La raíz del mal en Melkor es, hasta cierto, punto comprensible, él deseaba engendrar su propia creación, fruto solo de su mente. Sin embargo, este anhelo se enredó muy pronto con la envidia a los trabajos de otros y el ansia de dominación. Pero hasta ese deseo de querer dar vida a sus creaciones en exclusiva estaba sirviendo a la gloria de Ilúvatar. La frustración derivada de esta reflexión pronto se convirtió en furia, en odio y en la voluntad de destruir todo lo que se le opusiera, todo lo que no proviniera de él mismo. Lo que no pudiera poseer, debía ser aniquilado. En resumen: todo lo existente. Y esta especie de demencia nihilista fue, por supuesto, su ruina.

Sin embargo, en su afán por obtener el dominio sobre el mundo, Melkor había dejado que la mayor parte de su ser se transfiriera a los elementos físicos de Arda. Su poder se fue diseminando, dispersando, infiltrando la tierra, mancillándola con su odio y su oscuridad. A causa de esto, llegó un momento en el que estaba ya plenamente encarnado en su forma física, hecho que lo preocupaba; pero, por otro lado, lo había convertido en un poderoso tirano que ya no necesitaba presentar batalla directamente, ya que había extendido su poder «produciendo» criaturas como los orcos o los temibles dragones, que lo hacían por él. Y es «producir», ya que el mal siempre es estéril, y solo puede deformar o corromper algo previo.

Y cuanto más se esforzaba en mutilar y destruir las obras de otros, cuanto más se involucraba en la producción de artificios y criaturas malignas, más se impregnaba Arda de su esencia. Existía ya una «molécula morgothiana» en todo lo existente en la Tierra, se acumulaba más en ciertos componentes, como el oro; y era prácticamente inexistente en otros como la plata o el agua. Así que todo aquello que tuviera su origen en Arda tenía ya cierta tendencia al mal, en mayor o menor medida. Se puede decir que Arda entera era el anillo de poder de Melkor.

Quizá la peor atrocidad que llevó a cabo fue el oscurecimiento de Valinor. Todavía con parte de su poder espiritual intacto y la ayuda de una compinche, destruyó los dos árboles sagrados de Valinor, Telperion y Laurelin, que eran las luces que bendecían el hogar de los valar; para luego saquear la fortaleza de Formenos, donde vivía Fëanor, el más grande orfebre de entre los elfos. Él guardaba ahí valiosas joyas y gemas de su invención, incluidos los sagrados *silmarils*, que retenían en su interior la luz de los dos árboles. Pocas obras había más amadas por los valar y los elfos que los *silmarils*. En su asalto mató también al padre de Fëanor, Finwë, rey supremo de los elfos noldor.

Fëanor maldijo a Melkor y lo llamó Morgoth, y arrastró a los suyos a un destino terrible. Estos espantosos hechos tuvieron unas consecuencias trágicas, la mayoría de ellas se relatan en el «Quenta Silmarillion» de *El Silmarillion*.

A partir de entonces, Melkor fue ya Morgoth, y su ser quedó ligado a la Tierra de forma inextricable. A pesar de estos acontecimientos, los valar no se atrevían a un enfrentamiento abierto con Morgoth. Debido al enorme poder físico que ostentaba, temían que Arda quedara irremediablemente dañada y ya no sirviera de hogar para los hijos de Ilúvatar. Durante cinco largos siglos, Morgoth se enseñoreó de la Tierra Media e hizo a su antojo, combatiendo a los elfos y a los hombres que lo desafiaban, esclavizando, difundiendo mentiras y destruyendo sin descanso. Mientras, se volvía cada vez más «material». Sin embargo, gracias a la intercesión de Ëarendil, el medio elfo, los valar accedieron a ayudar a los hijos de Ilúvatar en la contienda más grande que tuvo lugar en la Tierra Media: la Guerra de la Cólera. En ella, el rostro de Arda cambió, Beleriand se hundió en las aguas y otras tierras emergieron, tal fue la magnitud de los poderes desatados. Y, finalmente, Morgoth y sus huestes fueron derrotados. No se le otorgó el perdón como en una ocasión pasada, lo encadenaron por segunda vez con Angainor, forjada por el vala Aulë, le cortaron los pies, ejecutaron su cuerpo físico y su espíritu, debilitado, fue arrojado más allá de los Muros del Mundo, al Vacío intemporal. Aun así, se le siguió vigilando pues, como espíritu, con el paso de las edades podría llegar a recobrarse.

Según lo que dejó bosquejado Tolkien, una última batalla, la Dagor Dagorath, tendría lugar al liberarse Morgoth de sus cadenas. Atravesaría los Muros del Mundo y destruiría el Sol y la Luna. A él se unirían todas sus hordas de dragones, orcos, balrogs, trasgos, troles, y, por supuesto, su mayor y más peligroso súbdito: Sauron.

93

Possessio

Sauron fue el mayor enemigo de la Tierra Media durante la Segunda y la Tercera Edad. En los Días Antiguos permaneció a la sombra de su señor, Morgoth, como su lugarteniente y más poderoso sirviente, comandante de la fortaleza oscura de Angband. En todo plan que Morgoth llevó a cabo, Sauron tuvo parte. Y aunque Tolkien no se explaya demasiado con él en estas primeras etapas de la historia de la Tierra Media, sí nos cuenta que fue leal a Melkor mientras continuaba preso por los valar, preparando su regreso con la producción de más orcos, licántropos, troles, etcétera, y la reconstrucción de sus infraestructuras. Quizá la que fue su heraldo en ese tiempo, el vampiro femenino Thuringwethil, fuera también en su origen una maia, aunque de menor jerarquía.

De esa época también sabemos que fue derrotado por el sabueso Huan y Lúthien Tinúviel, hija de Thingol, rey de Doriath y Melian, la maia, único ser al que temía en Arda. Lúthien fue en busca de su amado, Beren, que permanecía en las mazmorras de la Isla de los Licántropos junto Finrod Felagund. Este hórrido lugar donde Sauron vigilaba fue la tumba de muchos hombres y elfos, incluido Felagund, hermano de Galadriel, que dio su vida por defender a su amigo Beren.

En esa época quizá no fuera tan grande en maldad como su señor, pero solo porque durante no poco tiempo sirvió a otro y no a sí mismo. Así que, tras el descalabro de Morgoth y los suyos en la Guerra de la Cólera, Sauron tomó una forma hermosa y resolvió rendirse, y lo hizo frente a Eönwë, el heraldo del vala supremo Manwë. Pero Eönwë era su par, era un maia como él, por lo que no tenía autoridad para perdonarlo, y lo invitó a ir a Valinor para someterse al juicio de los valar.

Por supuesto, Sauron no quería hacer algo semejante, había tenido mucho poder con Morgoth y no deseaba la humillación de presentarse en Aman como penitente. Así que huyó, se escondió en la Tierra Media y, con el paso del tiempo, lo que había parecido un arrepentimiento sincero se disipó. El mal de Melkor había enraizado bien en el corazón de Sauron y lo convirtió en un señor oscuro más terrible si cabe que su amo. Su recaída fue verdaderamente grandiosa.

Sauron, como Melkor, no fue engendrado malvado. De hecho, Mairon, pues ese era su nombre original, era uno de los maiar más sabios y hábiles al servicio de Aulë. Pocos había que lo superaran en conocimientos sobre la materia del mundo y su manipulación, solo el propio Aulë.

Sin embargo, encontraba que Arda avanzaba muy lentamente, de forma caótica. Mairon deseaba más acción, eficiencia y, sobre todo, orden. Él no sentía ninguna hostilidad hacia las obras de otros, por lo que se sintió atraído muy pronto por el deseo de Melkor de actuar y controlar; no como los valar que permitían que todas las cosas fueran a su aire. Mairon era un perfeccionista, un controlador obsesivo, y sus intenciones no eran malas, solo deseaba que todo funcionara correctamente. A su manera.

Obviamente, bajo una influencia como la de Melkor y sin límites en el abuso de su poder, llegó la inevitable corrupción. Mairon se convirtió en Sauron, en Gorthaur *el Cruel*. Racionalizó la maldad poco a poco, pues todo se hacía en pos de un bien mayor, y para ello había que realizar ciertos sacrificios... Y no tardó en ser más importante conservar ese dominio que el motivo de imponerlo.

Así que, al principio de la Segunda Edad, empieza a reorganizar y rehabilitar las ruinas de la Tierra Media tras el cataclismo de la Guerra de la Cólera. Con buenas intenciones. Deseaba ordenar el mundo de acuerdo a su propia sabiduría, empero no tardó en seguir los pasos de su amo, convirtiéndose incluso en una amenaza aun mayor. El orgullo y la sed de poder fueron creciendo, ahora sin la servidumbre a Morgoth, y deseó ser un rey dios de los hijos de Ilúvatar.

De este modo, decidió comenzar a dominarlos no solo a través de la fuerza y la industria que Morgoth había utilizado, sino mediante la magia, en la que era un maestro. Pudiendo tomar todavía una forma resplandeciente, se identificó ante los reinos de los elfos como un enviado de los valar, dispuesto a ayudarlos con su ciencia. Pero no todos confiaron en él, solo en el reino de Eregion, Celebrimbor, nieto de Fëanor, le dio la bienvenida, pues él y sus herreros no tenían miedo del conocimiento, deseaban aprender y prosperar. Y Sauron, que se presentó como Annatar, el señor de los dones, les enseñó la ciencia de los anillos mágicos, y todos medraron. Los elfos, bajo la supervisión de Annatar, crearon muchos anillos que proveían a sus usuarios de diferentes tipos de poder. Unos no fueron más que ensayos y bagatelas, pero otros, los más perfeccionados, eran superiores. Siete fueron entregados a los enanos y nueve a los reyes de los hombres. Y esos nueve luego se transformarían en sus esclavos, caerían como su amo, por amor al poder. Ellos fueron los terribles nazgûl. Solo se conoce la identidad de dos de ellos, Khamûl, un antiguo y poderoso rey del este, de la tierra de Rhûn; y el rey brujo de Angmar, el más peligroso y su cabecilla, que en origen fue un númenóreano negro.

Los tres anillos de los elfos, no obstante, nunca fueron tocados por Sauron, y permanecieron ocultos. Sin embargo, todos, enanos, hombres y elfos fueron engañados.

La historia es bien conocida, Sauron, en Mordor, una tierra que él mismo había alzado con sus terroríficos poderes, fabricó el Anillo Único para dominarlos a todos. Su plan era canalizar la «molécula morgothiana» para acrecentar su propio poder, y puso mucho de su propio ser en ese anillo, al contrario que su amo, que lo dispersó por toda la Tierra Media. Sauron lo concentró y así, vinculado a su esencia vital, ese anillo se convirtió en un arma letal, perfecta para dominar la carne, la sangre, las voluntades de los hijos de Ilúvatar. Sin él, Sauron no era tan poderoso, pero podía sobrevivir, y ni por un instante pensó que podría perder el anillo, y mucho menos que alguien quisiera destruirlo, lo que conduciría a su propia desintegración. Y con el tiempo, esa se reveló como la gran debilidad de Sauron, que los pueblos libres de la Tierra Media aprovecharon en la Tercera Edad.

Pero antes de que todos estos eventos sucedieran, Sauron tuvo tiempo de destruir mediante argucias y embustes el más poderoso reino de los hombres, Númenor. Desde dentro, logró que la religión oficial fuera el culto a Melkor, dador de la libertad, en el que se realizaban cruentos sacrificios humanos. Persuadió a sus reyes y nobles de que Ilúvatar no existía y que los valar les negaban la inmortalidad. Hay que recordar que la muerte fue el don de Eru para los hombres, una gracia que hasta los propios ainur envidiarían, pero que resultaba todavía un misterio. Y este enigma fue aprovechado por Morgoth y Sauron para sembrar el terror entre los hijos de Ilúvatar.

Gracias a Sauron, Númenor se convirtió en el reino más poderoso de la Tierra Media, y desde ahí tiraba de los hilos y dominaba el mundo. Sin embargo, las mentiras que sembró Sauron llevaron a los orgullosos númenóreanos, obsesionados con librarse de la mortalidad, a reunir la mayor flota de barcos de la historia. Su propósito: combatir a los valar, conquistar Aman y ser inmortales. Este completo desatino obligó al propio Eru a intervenir. Toda una hazaña por parte de Sauron, forzar la acción directa del creador sobre Arda. Y Sauron se asustó. Ilúvatar abrió un abismo en el mar y unas enormes olas hundieron Númenor en las profundidades, así como todos los barcos y las tropas de los hombres. Eru cambió la forma de Arda, hizo nuevas tierras y nuevos mares, y el mundo empequeñeció, pues Valinor fue transportado a otra dimensión. La Isla de la Estrella desapareció para siempre, muy pocos sobrevivieron, y los pocos que lo hicieron se dirigieron a la Tierra Media. Tampoco el cuerpo físico de Sauron superó la hecatombe, pero su espíritu perduró. Regresó a su tierra de Mordor, se sentó en su trono de Barad-dûr y se puso el anillo. Allí, silencioso y en la oscuridad, tomó una forma de infinito odio y malignidad. Pocos iban a poder luego soportar la visión del Ojo de Sauron. Mucho iba a tener que batallarse todavía para derrotarlo. Y los valar, conscientes de ello, enviarían en la Tercera Edad a los cinco istari o magos: Saruman, Gandalf, Radagast, Pallando y Alatar.

Saruman *el Blanco*, también Saruman *el Multicolor*, fue otro poderoso maia de Aulë. Se presentó voluntario para acudir a la Tierra Media y ayudar a elfos y a hombres en su lucha contra Sauron; y fue elegido tanto líder de los istari como del Concilio Blanco, donde junto con Elrond, Galadriel, Círdan, Radagast y Gandalf se debatía el devenir de los acontecimientos. No había sabio que supiera más sobre la fabricación de anillos salvo el mismo enemigo, y sus conocimientos sobre mecánica, construcción de forjas y otras competencias «industriales» no tenían parangón. Por supuesto, dominaba la magia con soltura y había estudiado en profundidad las artes oscuras de Sauron, de las que era considerado un erudito. Pero su gran destreza, y que no perdió hasta el final, fue su voz. Una voz con una capacidad de persuasión insuperable, a la que muy pocos podían resistirse. Solo mentes fuertes como las de Galadriel o Elrond podían desafiarlo, porque hasta Gandalf se guardaba de su elocuencia.

Según Tolkien, parece que el talento de Aulë, el vala que domina todas las sustancias de Arda, el herrero y maestro de toda tecnología, se inclina a la corrupción si ciertas emociones hacen acto de presencia. Sauron fue el más grande entre los maiar de Aulë, Curunír (luego Saruman) también era otro de sus principales, incluso el propio Aulë se extravió. También podríamos contar muchas cosas sobre el pueblo élfico de los noldor, alumnos aventajados de Aulë. No en vano, Aulë era el vala más parecido en mente y aptitudes a Melkor, ya que ambos deseaban hacer cosas nuevas que nadie más hubiera pensado y apreciaban los elogios; sin embargo, Aulë era humilde, no sentía celos de sus hermanos valar y se sometía a la voluntad de Ilúvatar. Así pues, la impaciencia y la audacia que lo empujaron a concebir a los enanos, una transgresión mayúscula en los designios de Eru al intentar crear vida por su cuenta, fueron perdonadas gracias a su modestia y arrepentimiento sinceros.

Pero Curunír o Saruman, a pesar de su gran entendimiento y toda su ciencia, fue perturbado por la soberbia, la envidia y el ansia de dominación. Todo esto lo condujo, inevitablemente, a su caída. Saruman era un mago astuto y de grandes habilidades, de modo que cuando Círdan, carpintero de barcos y depositario del Anillo de Fuego, Narya, se lo entregó a Gandalf en vez de a él, supuso un golpe a su amor propio. Esto no hizo más que ahondar unos celos incipientes que ya sentía por el mago gris. Que Galadriel no escondiera su predilección por Gandalf tampoco contribuyó a calmar su envidia. ¿Influyó también un exceso de saber para que Saruman se torciera?

> Yo me dije: «Fíjate, soy más instruido que cualquiera de los reyes que me precedieron en Jerusalén. Tengo más sabiduría y conocimientos». Así es que me esforcé por ser sabio en vez de necio, pero hoy reconozco que aun eso fue perseguir el viento. Pues cuanto mayor era mi sabiduría, tanto más grande era mi pena; aumentar el conocimiento es solo aumentar el dolor.[1]

Y no cualquier tipo de saber, claro, el mago blanco se «especializó» en Sauron. ¿Pudo eso, junto a una naturaleza ya orgullosa, hacerle desear el poder del señor de los anillos? Al menos su manera de actuar así nos lo indica. Él mismo comenzó a fabricar anillos mágicos, incluso. Su torsión comenzó gradualmente, progresó hacia una planificación artera y terminó en una servidumbre, muy a su pesar. Su objetivo era conseguir el Anillo Único para sí, pero la voluntad de Sauron era más fuerte que la suya. Sin embargo, Saruman siempre tendría sus propios planes al margen de su vasallaje a Sauron.

El final de Saruman va en consonancia con su decadencia paulatina. Aunque se le brindaron varias oportunidades de redención, el odio, la envidia y el miedo triunfaron; y quien fue una vez el primero entre los magos de la Tierra Media, menguó hasta convertirse en un pequeño tirano que murió a manos de un siervo traidor. Pero Saruman era un maia, su espíritu pervivió. Sin embargo, no fue admitido en Valinor, de manera que permaneció errando, débil y desnudo para siempre.

1. Eclesiastés 1:17-18.

Destructio

Otros maiar que decidieron unir sus fuerzas a las de Melkor fueron los valaraukar o balrogs, demonios de poder. Durante la ejecución de la primera música de los ainur delante de Ilúvatar, fueron ellos los que unieron sus melodías a las disonancias de Melkor y las magnificaron hasta el punto de que Eru tuvo que intervenir tres veces. La caída primordial fue una caída de muchos ángeles, pues Melkor fue acompañado por otros espíritus que, seducidos por su poder, aceptaron y asimilaron la corrupción inherente. No se sabe el número exacto de ellos, en los primeros escritos de Tolkien parecen ser cientos, pero conforme el *legendarium* fue madurando, la cantidad se redujo hasta no llegar a la decena. Los balrogs fueron los paladines de Morgoth más peligrosos, los que más se le parecían en perversión. Solo Sauron los superaba en poder.

En origen, fueron maiar de fuego, esencia que mantuvieron tras su caída. Tomaron la forma de demonios colosales, con corazones de fuego envueltos en unas horribles tinieblas; el terror los precedía y usaban látigos de llamas. De hecho, Gandalf se refirió a uno de ellos como «Llama de Udûn», siendo Udûn la forma sindarin de Utumno, la primera fortaleza que construyó Melkor en la Tierra Media.

Los balrogs fueron responsables de grandes desgracias durante los días antiguos, eran la vanguardia y la escolta personal de Melkor. Pero al final de la Primera Edad, tras la Guerra de la Cólera que cambió para siempre la faz del mundo, los pocos balrogs supervivientes huyeron y se ocultaron entre las raíces de la Tierra. Y así ocurrió que, en la Tercera Edad, los enanos, en su afán de encontrar mithril, cavaron tan profundamente en Moria que se toparon con uno. Mató a Durin VI y a su hijo Nain I, haciendo perder a los enanos Khazad-dûm, su reino más antiguo y renombrado. Se desconoce el nombre de este balrog, pero a partir de entonces se le llamó el Daño de Durin, y permaneció en Khadad-dûm hasta que Galdalf lo venció, a costa de su propia vida, en la cima de Zirak-zigil.

Otro valarauko célebre del que conocemos su identidad fue Gothmog, el señor de los balrogs. Era el más fuerte de entre ellos, y fue responsable de la muerte de Fëanor, artífice de los *silmarils*, el rey supremo noldo Fingon y uno de los grandes señores de Gondolin, Ecthelion de la Fuente, que lo mató a él a su vez. En la misma batalla de la caída de Gondolin, el gran señor Glorfindel venció a otro balrog anónimo, y el precio que pagó por tal proeza fue su vida también.

Otro nombre de valarauko aparece en los textos de Tolkien, Lungorthin, aunque todavía se debate sobre si se trata de un sobrenombre de Gothmog o su segundo en el mando.

Y fueron los balrogs los que salvaron a Melkor de una muerte segura. Desde las profundidades de su fortaleza de Angband lo oyeron gritar de dolor, y salieron agitando sus látigos hasta el norte, al yermo de Lammoth, tierra que luego sería conocida como el Gran Eco. Allí se encontraba Morgoth aprisionado e indefenso, pero ¿quién podría ser capaz de apresar de tal forma a Melkor durante la Primera Edad? ¿Quién podía desplegar semejante poder? La respuesta no es ningún vala, que hubiera necesitado trabajar en equipo junto a otros de los suyos para tal empresa. La solución de este dilema es un misterio, porque Ungoliant sigue siendo un enigma dentro del *legendarium* de Tolkien.

Pero no existe canto ni libro que pueda contener toda la aflicción y el terror que hubo entonces. La luz menguó; no obstante, la oscuridad que sobrevino no fue solo falta de luz. Fue una oscuridad que no parecía una ausencia, sino una cosa con sustancia: pues en verdad había sido hecha maliciosamente con la materia de la luz, y tenía el poder de herir el ojo y de penetrar el corazón y la mente y estrangular la voluntad misma.[1]

La Oscuridad que nos describe Tolkien es la que expulsa, ahíta, Ungoliant tras devorar la savia y la luz de los Dos Árboles de Valinor, después de vaciar las Fuentes de Varda. Este pantagruélico festín incrementó el poder de Ungoliant hasta niveles inimaginables, el mismo Melkor se espantó. Y después de su huida, en los yermos de Lammoth, exigió a Melkor el resto del botín, donde se hallaban también los *silmarils*. Pero él se negó, y ella, que había alcanzado dimensiones terroríficas, lo amarró en su Oscuridad. Melkor gritó de dolor, y fue un grito que resonó en toda Beleriand. Solo los valaraukar y Melkor unidos consiguieron ahuyentarla. Y estas fueron las hazañas de Ungoliant, *la Araña*.

Porque Ungoliant, cuando descendió por primera vez a Arda, tomó la forma de una araña gigantesca, y se estableció en Avathar, una región al sur de Aman deshabitada; y entre los valles de las Pélori tejió sus redes para atrapar la luz de los Árboles. Una luz que odiaba y de la que se alimentaba, aunque siempre se sentía hambrienta. No conseguía saciar su vacío.

Pero ¿qué era, en realidad, Ungoliant? Tolkien no dejó demasiadas pistas, solo nos resta meditar sobre ellas. Podemos empezar diciendo que era un ser de tipo espiritual al que Melkor corrompió, y que luego, abjurando de su amo, siguió su propia senda. ¿Qué tipo de ser espiritual? ¿Un maia? Ungoliant no parecía un ainu, aunque hay estudiosos de la obra de Tolkien que no se cierran a esa posibilidad. ¿De dónde provenía? Los valar no lo sabían, y los elfos creían que procedía de la oscuridad que rodeaba Arda, por lo que es posible que estuviera ahí incluso antes de la aparición de Melkor. Sí que conocemos su final y es que, tras huir de los balrogs, se aposentó en la región de Nan Dungortheb, una tierra de nadie entre Dorthonion y Doriath. Allí se apareó con otras criaturas arácnidas (que luego se comió) de las que engendró una abundante y espeluznante descendencia (que empezó a comerse también). Y es que Ungoliant no podía

---

1. J. R. R. Tolkien, «Del oscurecimiento de Valinor», en *El Silmarillion, op. cit.*

satisfacer su hambre, era tan aberrante que terminó devorándose a sí misma. Sin embargo, un vástago suyo sobrevivió por lo menos hasta la Tercera Edad: Ella-Laraña. Sauron la consideraba «su gata», aunque Ella no reconocía a ningún amo. En su cubil de Cirith Ungol, en la tierra de Mordor, se cruzó con Frodo y Sam, y parece que no salió muy bien parada.

Ungoliant representa muchas incógnitas, como la figura de Tom Bombadil o el origen de los orcos. El *legendarium* de Tolkien no puede responder a todas nuestras preguntas, está inacabado. Sin embargo, a algunos nos gustaría pensar que Ungoliant era una existencia ajena a la gran música de Eru, y que solo a través de la invitación de Melkor pudo acceder a Arda. Un ser de cualidades lovecraftianas habitante del Vacío eterno y que, como un agujero negro, lo devoraba todo. Nada de ella escapaba, ni siquiera la luz, de la que se cebaba. Y luego vomitaba su no luz, esa oscuridad más allá de la oscuridad que ciega y tritura. Su final no podía ser otro más que la autodestrucción.

ESPEJO VI

Fuego, camina conmigo

Manifestatio

A través de la oscuridad del futuro pasado,
el mago anhela ver
una posibilidad entre dos mundos:
fuego, camina conmigo.

DAVID LYNCH, *TWIN PEAKS*, «EL HOMBRE MANCO»

Si existe un producto televisivo que supuso un antes y un después en la historia de las series, ese es *Twin Peaks* (1990-1991), sobre todo su primera temporada. *Twin Peaks: The Return* (2017) ya es harina de otro costal.

Mark Frost y David Lynch crearon un multiverso que se convirtió en un punto de partida en el desarrollo posterior de programas de televisión más innovadores y arriesgados. *Twin Peaks* fue el esplendor de lo que se denomina «la segunda edad de oro de la televisión».

El eslogan: «¿Quién mató a Laura Palmer?» estuvo en boca de todo el mundo, y el misterio que rodeaba la muerte atroz de una adolescente sobrepasó cualquier expectativa, transformándose en un icono popular. Los premios se sucedieron: Emmy, Globos de Oro, Saturn, el premio de la Television Critics Association (TCA)... Incluso su hipnótica banda sonora, compuesta por el genial Angelo Badalamenti, se llevó un Grammy y un Brit Award. A pesar de que la segunda temporada no obtuvo la audiencia esperada y se canceló, su enorme impacto social perduró, convirtiéndose en una serie de culto que en 2017 obtuvo su desenlace.

Twin Peaks es una serie de realismo psicológico, donde la aparente normalidad de una pequeña y tranquila comunidad oculta en su seno una insondable corrupción. A todos los niveles. Prostíbulos en Canadá, tráfico de drogas, apuestas ilegales, corrupción de menores, violencia de género, diversas estafas económicas, delitos ecológicos, incesto..., todos los ingredientes para conformar un característico relato *noir* donde el asesinato de Laura Palmer solo es la punta del iceberg.

La serie fue escrita y dirigida por varios autores y directores, y cada uno de ellos moldeó la historia de acuerdo con sus intereses individuales. Sin olvidar la costumbre de Lynch de ir añadiendo sobre la marcha elementos extraños, como fue el caso, por ejemplo, de BOB. En un inicio, se tenía claro quién iba a ser el asesino de Laura Palmer, y así fue hasta que, de manera fortuita, la cámara captó la imagen del decorador del estudio Frank Silva: Lynch decidió que sería BOB. *Twin Peaks* fue creciendo y evolucionando como un ente con vida propia, casi como un cadáver exquisito, pero siempre bajo la batuta de sus creadores. Continuamente renegociaba su lógica interna, bordeando y sobrepasando la periferia del *hardboiled*.

Porque el trabajo de Mark Frost y David Lynch fue insólito para la época, pues tomando las convenciones del relato clásico de detectives procedieron a manipularlas para llevar la serie a un nivel superior. Rompieron las normas y consiguieron articular su propia mitología. El patrón habitual de que todo debía de tener una explicación racional, sin espacio para lo fantástico, desapareció. El foco en los elementos sobrenaturales era continuo, poniendo a prueba a menudo los límites del razonamiento inductivo, haciendo todo prácticamente posible, incluso fracturar el espacio-tiempo. Las fronteras entre el mundo físico y el espiritual se difuminaron. Son sueños, alucinaciones y otros fundamentos irracionales los que deben descodificarse; es la lectura de estos símbolos surrealistas la que ofrece la clave al enigma de Laura Palmer. Un enigma que se extiende más allá del propio perpetrador del crimen, que alcanza otras dimensiones metafísicas y fuerzas místicas.

Pero hay precedentes a esta especial aleación del crimen y lo intangible, como, por ejemplo, en Edgar Allan Poe, el *John Silen-*

ce (1908) de Algernon Blackwood o, en el mundo del cómic, *Doctor Occult* (1935) de Jerry Siegel y Joe Shuster, creadores de Superman, y que décadas más tarde Neil Gaiman rescataría para su miniserie *Los libros de la magia* (1990). Y, sin embargo, tampoco podemos obviar que sin *Twin Peaks,* otras series como *True Detective* o *Expediente X* no habrían sido las mismas. En *Twin Peaks* late un corazoncito gótico, de ahí que lo fantasmal, el horror y el ocultismo tengan una presencia destacada. Pero esto no debería sorprendernos, teniendo en cuenta que tanto David Lynch como Mark Frost son dos esoteristas entusiastas, y plasmaron esa pasión en la serie. Lynch es practicante de la meditación trascendental de Maharishi Mahesh Yogi, así como estudiante de otras filosofías orientales; Frost, en cambio, se vincula a la teosofía de la ucraniana Helena Petrovna Blavatsky, donde se entremezclan la cábala, el gnosticismo, el budismo tibetano o el hinduismo.

Es muy evidente la intención de Lynch de estampar en *Twin Peaks* una mentalidad primitiva y mágica, en la que no haya distinción entre el mundo material y el espiritual; todo forma parte de una realidad única. Elementos naturales como el fuego, la electricidad o el viento poseen cualidades sobrenaturales que forman parte, además, de un código visual que ya había utilizado y siguió manejando en obras posteriores.

De esta manera, *Twin Peaks* creció en complejidad en una atmósfera de ambivalencia, en la que el misticismo prende la mecha de un mal depredador e insomne que zarandea a placer a todos los personajes de la serie.

Infesto

Porque es este mal el responsable de la corrupción de la región desde hace siglos, o así nos lo explica Mark Frost en su *The Secret History of Twin Peaks [La historia secreta de Twin Peaks]*, (2016). Mezclando datos históricos reales con ficción, Frost nos ofrece un paisaje sombrío, colmado de maravillosos abetos Douglas, en el que las tradiciones de la tribu de los nez percé, habitantes originales de la región, hablan de la Logia Negra y la Logia Blanca, y de una misteriosa tribu de gigantes blancos que vivían en una cueva sagrada más allá de las White Tail Falls. Estas dos logias no son solo de inspiración masónica, sino que con toda probabilidad surgieron del libro de H. P. Blavatsky *La voz del silencio* (1889), donde explica la existencia de una Gran Fraternidad Blanca o Logia Blanca y de una Logia Negra, conformada por magos oscuros, ambas enclavadas en el Tíbet. Por su naturaleza eterna e indescifrable para el ser humano, asimismo pueden aludir al *Ein Sof* cabalístico.

En el pueblo de *Twin Peaks*, fundado por las dos familias rivales Martell y Horne, los encuentros con una extraña figura gigantesca en los bosques siempre fueron una pintoresca rutina. También las desapariciones de personas, que luego regresaban con marcas raras en el cuerpo y sin memoria. Muy pronto, el lugar fue relacionado con incidentes con ovnis y se establecieron unas instalaciones del instituto SETI en las cercanías.

El mal que infestaba el pueblo de *Twin Peaks* tiene un nombre en la serie: BOB, y es un espíritu caído procedente de la Logia Negra. Él es el último responsable del asesinato de Laura Palmer.

Pero no está solo, porque en la Logia Negra viven muchos espíritus.

No obstante, la Logia Negra, también morada del límite extremo, no deja de ser la sombra de la Logia Blanca. Según las leyendas de los nez percé, la Logia Blanca es un espacio extradimensional, hogar de los espíritus que gobiernan sobre los hombres y la naturaleza. Un lugar de bondad al que se podía acceder con la llave del sentimiento del amor. De manera un poco burlona, es descrito como «un jardín donde gentiles cervatillos retozan entre risueños espíritus, con el sonido de la inocencia y el gozo flotando en el aire; y cuando llueve, cae un dulce néctar que llena el corazón del deseo de vivir en la belleza y la verdad». También es referido como «un lugar espantoso que hiede al agrio aroma de la virtud». Asimismo, fue materia de investigación por la Fuerza Aérea de Estados Unidos y consignada como alto secreto en su Proyecto Libro Azul.

La Logia Negra, como su sombra, es un lugar de fuerzas oscuras que desea intervenir en este mundo; un espacio infinito de pesadillas, donde espíritus furiosos brotan de los bosques y las sepulturas se abren como flores. Las oraciones no penetran en sus dominios, porque los espíritus allí desprecian las buenas acciones. Son como «desgarrar la carne del hueso, existen en una tierra oculta de gritos y corazones rotos». Y el único alimento de estos seres es la *garmonbozia*, el sufrimiento y la tristeza, que toman la forma de crema de maíz.

Todas las almas, en su camino a la perfección, tienen que pasar por este lugar de pura maldad y enfrentarse al Habitante del Umbral, que no es sino la sombra de uno mismo. Esta sombra es el conjunto total de la oscuridad, la negatividad y los conflictos sin resolver de una persona en el momento de su fallecimiento. Enfrentarse al Habitante del Umbral es la prueba final que afrontan todos los espíritus en su evolución. Si este desafío no se lleva a cabo con valentía, la Logia Negra aniquilará el alma.

La Habitación Roja, también denominada la Sala de Espera, es solo una de las infinitas estancias que plagan la Logia Negra, con sus pasillos en zigzag sin fin y sus cortinas de grueso terciopelo rojo. Las leyes de la física no se aplican aquí, ya que se halla fuera del espacio y del tiempo. De hecho, el espacio-tiempo es fluido y variable en sus dominios, el pasado y el futuro se confunden. Por sus peculiaridades oníricas, la Logia Negra puede sugerir el concepto aborigen australiano de la era del tiempo del sueño *(tjukurpa)*, antes de que el universo fuera creado, que permanece como dimensión espiritual a la que se puede acceder soñando.

Y, por supuesto, la Logia Negra alberga un poder inimaginable si uno sabe aprovecharse de los espíritus que la habitan; es posible arrancarles una fuerza capaz de reordenar la misma forma de la Tierra. Porque la Logia Negra no es solo un lugar, sino la propia convergencia de espíritus perversos.

Hay muchos que anhelan encontrarla a toda costa, pero este conocimiento es secreto. Uno de ellos es el personaje de Windom Earle, que aparece en la segunda temporada como villano del tramo final. Es un caído en toda regla, y a pesar de que es representado con un grado de locura bastante elevado, su inteligencia y sus conocimientos esotéricos no son menospreciables. Él es la figura del mago negro, beneficiario de creencias metafísicas cuyo elemento central y diferenciador es la capacidad humana de modificar la realidad sin medios estrictamente causales, es decir, la magia. Y su deseo, aparte de vengarse de su antiguo compañero Cooper, es dominar la Logia Negra para hacerse con su ingente poder.

Existen portales repartidos por todo el mundo para acceder a este lugar sacrílego, y las señales e indicios en *Twin Peaks* apuntan a la Cueva de la Lechuza, donde un antiguo pictograma detalla en un mapa cómo encontrar la entrada a la logia. Durante la conjunción astronómica de Júpiter y Saturno, en la arboleda de Glastonbury, bajo doce sicómoros y a la orilla de una laguna oleaginosa, la Logia Negra será accesible a todo aquel que use la llave adecuada: el miedo de un inocente. Existe otra llave de acceso, el propio aceite de la laguna, aunque parece que algunos pueden entrar sin tanta ceremonia, como BOB o el agente Dale Cooper.

La arboleda de Glastonbury se encuentra en el Parque Nacional de Ghostwood, muy próximo al pueblo de *Twin Peaks*, y ya los primeros colonos que llegaron a las inmediaciones fueron conscientes de una presencia y oscuridad que habitaba en los bosques. Para vigilarla y defenderse, fundaron una sociedad secreta: Bookhouse Boys.

No es casual la elección del nombre de la arboleda, Glastonbury, que remite directamente a la leyenda artúrica, a la cuna de la cristiandad de las islas británicas y al Santo Grial. Un lugar que el misticismo pagano de Ávalon convierte en una puerta al más allá.

Possessio

Muchas criaturas habitan las logias, aunque son pocas las que conocemos. Lo que sí intuimos es que son entidades dotadas de poderes extraordinarios, capaces de alterar la realidad humana a su voluntad y que pertenecen a un plano metafísico superior. De ahí que posean un grado de conocimiento inimaginable e incomprensible para el ser humano y, por supuesto, sostienen sus propios planes, que pueden llevar a cabo apoderándose de cuerpos físicos, como las lechuzas, o las propias personas. Aunque poseer a un ser humano exige un permiso explícito por parte del hospedador. Tienen una afinidad especial con la electricidad, quizá sea su medio de traslación o su misma esencia.

Una de las criaturas más peligrosas que habita la Logia Negra es el doble o *Doppelgänger,* un ser de pura maldad, un duplicado de almas humanas con la capacidad incluso de salir de la Logia Negra al mundo físico y engendrar caos y violencia.

Otro tipo de copia es la *tulpa*, concepto adaptado del budismo tibetano que llegó a Occidente a través de la teosofía, a principios del siglo xx. Realizadas a partir de una semilla de materia orgánica del modelo original, las *tulpas* solo hacen acto de presencia en *Twin Peaks: The Return.* Y, aunque mantienen algunos retazos de memoria, tienen una mente independiente y no son conscientes de su naturaleza. Como los *Doppelgängers*, son capaces de existir en el mundo físico, si bien no resultan una amenaza tan clara.

Se desconoce si pertenece a la Logia Blanca o a la Logia Negra, pero otro espíritu crucial en el desarrollo de los aconteci-

mientos de la serie es el Gigante. Su presencia suele ir precedida
de la aparición de un simpático abuelete con problemas de audi-
ción, y es quien provee de información vital al agente Dale Cooper para resolver el asesinato de Laura Palmer. Siempre lo hace a
través de sueños, visiones o alucinaciones, con acertijos y palabras enigmáticas. Según la mitología de los nez percé, una raza
de hombres blancos gigantes que vivía más allá de las White Tail
Falls, entregaron a su pueblo tres objetos sagrados. Uno de ellos
es el anillo de jade y oro, con un símbolo que puede representar
tanto dos picos de montaña con un diamante central, como una
lechuza volando. Este anillo, según el universo de *Twin Peaks*,
estaría circulando desde el siglo XVIII y llevaría la desgracia a
aquel que lo tocara directamente. Parece pertenecer a la Logia
Negra, y funcionaría como una especie de teletransportador o
quizá vincularía de manera forzosa a su poseedor al lugar. Ponerse el anillo conduce, inevitablemente, a una muerte temprana.

Destructio

Mike es un espíritu de la Logia Negra, compañero de correrías de BOB. Pertenecen a la misma familia, aunque quizá, dada la ambigüedad de la serie, BOB sea el espíritu familiar de Mike, tal como se entiende en la magia y la brujería. Ambos podían poseer personas, introducirse en sus cuerpos y habitarlos. Él mismo describió su relación con BOB como «un círculo dorado». Juntos vivían en el piso superior de una tienda-tapadera, que servía también de portal a la Logia Negra.

Pero Mike tuvo una experiencia mística, sufrió una epifanía, y dijo haber visto el rostro de Dios. Y, a partir de entonces, rompió con BOB. Se cortó el brazo, donde había lucido un tatuaje que rezaba «fuego, camina conmigo», un tatuaje tocado por el mal; y se consagró a la búsqueda y destrucción de BOB. Para ello, tomó el cuerpo del vendedor ambulante de zapatos Phillip Gerard. El pobre hombre no tenía ni idea de lo que le ocurría, pero para mantener a raya sus continuas pérdidas de consciencia y sus ataques, consumía grandes cantidades de haloperidol, lo que impedía que Mike tomara el control.

Sin embargo, el brazo que Mike se amputó pervivió en la Logia Negra, con su propia existencia: el Hombre de Otro Lugar. Quizá sea uno de los personajes de la serie más peculiares e indescifrables, con su traje rojo y su extraña danza.

Del aire puro hemos descendido, del aire puro. Subiendo y bajando. Uniendo los dos mundos.

EL HOMBRE DE OTRO LUGAR

116

Es un personaje ambiguo, se le ha visto relacionándose abiertamente con BOB, pero también ha ayudado a Dale Cooper con varias pistas. Y a él parece pertenecer el anillo maldito de oro y jade.

Empero, el espíritu más distinguido de la Logia Negra es BOB. Una especie de parásito espiritual que se alimenta del miedo y del placer. Le gusta cantar y bailar, su sonrisa constante es horrenda. Nadie puede ver su verdadero rostro, salvo los condenados y los bendecidos. Su caída se desvela en *Twin Peaks: The Return*, durante la primera explosión en la historia de una bomba atómica, en Nuevo México, en 1945.

El sentido de su existencia es hacer el mal, sin más. Lo hace poseyendo a seres humanos y cometiendo actos espantosos para así recolectar *garmonbozia*. Tras separarse de Mike, se mantuvo durante más de cuarenta años en el hotel Gran Norte, manipulando el destino de Twin Peaks a su antojo.

BOB es la encarnación del mal puro, con tamaña fuerza de destrucción es inaccesible, pero solo puede existir en los cuerpos de otros. Laura Palmer se resistió desde los doce años a ser poseída por él, y gracias al anillo de jade y oro lo consiguió; sin embargo, a cambio fue asesinada y su espíritu vaga por la Logia Negra.

Lo único que podría detener a BOB es la intervención de su total opuesto, la inocencia incólume que representa Dale Cooper. Tanto es así, que la serie *Twin Peaks* casi podría destilarse en un principio asombrosamente simple: el bien contra el mal.

ESPEJO VII

La guerra de Daniel Johnston

Manifestatio

I was livin' in a devil town
Didn't know it was a devil town
Oh lord it really brings me down
About the devil town
And all my friends were vampires
Didn't know they were vampires
Turns out I was a vampire myself
In the devil town
I was livin' in a devil town
Didn't know it was a devil town
Oh lord it really brings me down
About the devil town.

Yo vivía en una ciudad del diablo
no sabía que era una ciudad del diablo.
Oh, Señor, realmente me deprime
la ciudad del diablo.
Y todos mis amigos eran vampiros,
yo no sabía que eran vampiros.
Y resultó que yo mismo también era un vampiro
en la ciudad del diablo.
Yo vivía en una ciudad diablo
no sabía que era una ciudad del diablo.
Oh, Señor, realmente me deprime
la ciudad del diablo.

DANIEL JOHNSTON, «DEVIL TOWN» (1990)

El diablo tiene muchos rostros, es algo que en el Cinturón de la Biblia de Estados Unidos saben muy bien. Y Daniel Johnston (1961-2019) también lo sabía, porque, aunque nació en Sacramento (California), fue criado en Virginia Occidental, en el seno de una familia de valores conservadores muy religiosos. Para él, el diablo poseía una honda carga de realidad, y su figura fue recurrente en sus obras hasta el final. El diablo siempre estuvo a su alrededor. El diablo fue su antagonista.

Fue educado con amor, pero de manera estricta. Su padre, antiguo piloto en la Segunda Guerra Mundial, deseaba para sus cinco hijos una vida productiva y no ensimismada; sin embargo, Daniel desafió las convenciones familiares y sociales de su entorno, convirtiéndose desde la adolescencia en una alfaguara de creatividad. Daniel Johnston era un artista nato. Las herramientas de las que dispuso fueron aprovechadas al máximo: su cámara de super-8, un piano doméstico, una grabadora barata mono, pinturas, rotuladores, papel... Además, él estaba seguro de que iba a ser famoso, su máximo afán era llegar a ser como The Beatles y salir en la MTV. Una MTV que no tiene nada que ver con el zarrio actual, por supuesto.

Daniel Johnston lo tenía todo para comenzar una carrera artística que lo lanzara al firmamento: talento, tesón, fe en sí mismo y algunos recursos. No obstante, Daniel cayó. Cayó en las manos de la enfermedad, del delirio, del terror. Y aun con todo, siguió adelante. Quizá porque la fontana era incontenible. Pero deberíamos comenzar por el principio y presentar como es debido al ángel caído de nuestro séptimo espejo.

Infesto

Daniel Dale Johnston, californiano de nacimiento, pero criado entre Virginia Occidental y Texas, fue un músico y artista visual de la escena musical alternativa y del arte marginal; sin duda, una de las figuras más destacadas de finales del siglo xx.

Tuvo una infancia normal, fue un niño inteligente y ya durante la educación secundaria comenzó a destacar con sus dibujos. Daniel era un entusiasta de los tebeos, sobre todo le gustaban los personajes del Capitán América y Casper, el fantasma bueno, que serían motivos recurrentes en sus obras durante toda su vida. Hizo del sótano de la casa su refugio particular, rodeado de cómics, dibujos, un piano y un sofá viejo en un rincón. Su madre no estaba muy contenta, pues Daniel se desentendió de todo lo que no tuviera que ver con su carrera artística y su meta de convertirse en un nuevo John Lennon. Concibió allí, entre 1981 y 1983, sus cuatro primeros álbumes, grabados con un estéreo portátil Sanyo, autoeditados en casete con portadas confeccionadas por él mismo y distribuidos de mano en mano. Precaria, pero preciosa artesanía pop.

Sin embargo, fue durante sus años en la universidad cuando comenzaron sus dificultades, los primeros síntomas de su enfermedad aparecieron, aunque nadie podía imaginarse hasta dónde llegarían. No acudía a sus clases en la Universidad Cristiana de Abilene, en Texas, se limitaba a deambular, confuso, y se quejó al médico del campus de parestesias en los dedos de los pies y de las manos. Su padre decidió llevarlo a casa y, tras recuperarse, volvió a sus estudios de arte, pero esta vez en la Universidad del

Estado de Kent, en Ohio. Y ahí es donde conoció al que sería el amor platónico de su vida, Laurie Allen. Todas las canciones de amor que escribió Johnston giran en torno a Laurie, que fue una de las inspiraciones más importantes de su vida artística y personal. Aunque jamás mantuvieron una relación amorosa, cuando se enteró de que, en realidad, tenía novio y estaba prometida, el golpe fue tan demoledor que cayó en una fuerte depresión.

Sus padres, muy preocupados por su salud mental, enviaron a Daniel a pasar el verano con su hermano mayor, Dick, en Houston. Y allí siguió componiendo y grabando canciones, abstraído y cogitabundo, hasta que su hermano le dio un ultimátum, y Daniel se fue a vivir con su hermana Margie. En su casa grabaría una de sus obras más memorables, *Hi, How Are You?* (1983), por la que una década más tarde llegaría a ser conocido gracias a la intervención de Matt Groening o Kurt Cobain.

La salud mental de Johnston empeoraba, así que su madre sugirió que quizá podía necesitar ayuda más especializada. Temiendo que lo ingresaran en un hospital, en abril de 1984 Daniel huyó y desapareció durante tres meses, en los que no tuvo contacto con su familia. Se unió a unos feriantes con los que estuvo trabajando en un puesto de perritos calientes hasta que llegó a Austin. Allí recibió una paliza y acabó pidiendo auxilio a una Iglesia de Cristo, donde lo ayudaron.

Sin embargo, fue en Austin donde su carrera musical comenzó a despegar. Como ciudad con una escena musical amplia y activa, Austin supuso un punto de inflexión para Johnston. Empezó a trabajar en un McDonald's, que le sirvió de base de operaciones y fue su soporte durante meses. Daniel, como ya tenía por costumbre, repartía sus discos en formato de casete artesanal a quien quisiera escucharlos, y pronto llegó a manos de otros músicos y periodistas. Tampoco se tardó demasiado en hablar de sus cintas, pues su música era realmente especial. No había nadie como él.

En Austin dio su primer concierto, que fue con una guitarra, no con un teclado; y tras él fueron muchos más. El público no sabía muy bien cómo reaccionar, si se trataba de un bromista o un comediante, pero finalmente se rendía ante su pureza y honestidad.

Y, por fin, pudo cumplir uno de sus sueños: aparecer en la MTV. Entre 1983 y 1987 la Music Television tuvo en parrilla *The Cutting Edge,* un programa dedicado a artistas con pocas posibilidades de promoción o que estaban dando sus primeros pasos. Los músicos aparecían tocando en directo, les hacían pequeñas entrevistas, etcétera. Y Daniel Johnston decidió dejarse caer en la grabación del programa que estaban dedicando a Austin. Por su cuenta, nadie lo invitó.

«Lo grabé mientras estaba teniendo un ataque de nervios», así presentó su casete *Hi, How Are You?* ante las cámaras. Y lo malo es que, en realidad, había sido de esa forma. Llevó también su guitarra y fue una actuación gloriosa. Esto ocurrió en 1985, cuando ya se había convertido en una pequeña estrella local. Al año siguiente, en los premios musicales de la ciudad, se llevó unos cuantos galardones.

Sin embargo, su enfermedad, que había sido diagnosticada no hacía mucho, seguía progresando e iba a provocarle una gran crisis. En un concierto de sus amigos los Butthole Surfers, alguien le pasó un ácido que, junto a su hábito de fumar marihuana en esa época, le produjo un colapso mental total. Golpeó en la cabeza a su mánager con una barra de hierro, enviándolo al hospital, y a los pocos días, en Navidad, le rompió las costillas a su hermano Dick, acusándolo de estar educando en los dogmas de Satán a sus hijos. Llamaron a la policía porque la fuerza de Johnston era mucha, y entre todos consiguieron llevarlo a la estación de autobuses, aunque él acabó apareciendo en el campus de la Universidad de Texas de Austin, en la laguna. Se encontraba fuera de sí, con los ojos en blanco, predicando sobre el bautismo y cantando su canción «Running Water». La policía se lo llevó a una institución mental.

Possessio

Fueron tiempos duros para Johnston, su desorden bipolar parecía complicarse también con esquizofrenia, y su obsesión con el diablo y el mal era incesante. Su padre fue a recogerlo y se lo llevó a casa, anunciando que se retiraba. Empezaron a medicarlo y se quedó como un vegetal. Durante un año estuvo visitando a diferentes psiquiatras por todo el país para lograr una medicación que se adaptara a su enfermedad y no lo dejara inútil, pues era incapaz de escribir canciones o realizar cualquier otra tarea cotidiana, pues pasaba gran parte del día en la cama.

Un poco más recuperado, en 1988, Daniel Johnston fue a Nueva York gracias a la mediación de su nuevo mánager, Jeff Tartakov, que estaba luchando con toda su energía por sacar adelante el trabajo de Johnston. Porque, además de mánager, era un gran fan y su amigo.

En Nueva York tuvo la oportunidad de grabar por primera vez en un estudio profesional con el gran Mark Kramer como productor (su álbum *1990*), hacer amistad con músicos como Sonic Youth y colaborar con otros —como Moe Tucker, de la Velvet Underground, o Jad Fair, de Half Japanese—. Dio varios conciertos, incluso en el mítico CBGB, pero fueron erráticos y extraños, también emotivos y llenos de prédicas. Lo que no sabía nadie es que Johnston había dejado de tomar su medicación porque pensaba que lo atrofiaba, y la enfermedad hizo acto de presencia con más fuerza. Fue detenido por pintar unos peces cristianos en la Estatua de la Libertad, y cuando Steve Shelley, de Sonic Youth, lo amenazó con llamar a sus padres, Johnston huyó. Pero Nueva York no es una ciudad tranquila, y no tardaron en asaltarlo y llevarse todas sus pertenencias. Vivió como un vagabundo, sin hogar, y todos sus amigos de la ciudad estuvieron buscándolo hasta que dieron con él. Pensaba que el diablo lo estaba persiguiendo y no quería regresar a Texas, aunque al final tuvo que desistir y fue ingresado de nuevo en un hospital psiquiátrico.

Según sus padres y familiares, recibió el alta demasiado pronto. Y es posible que tuvieran razón. Rogó que le permitieran volver a hacer música e ir a Maryland para grabar con Jad Fair, y todo fue relativamente bien. Hasta el regreso a casa. Jonhston había dejado de nuevo de tomar su medicación, y se bajó antes de tiempo del autobús. Eran las seis de la mañana y pensaba que todo el mundo era Satanás. Estaba montando un fuerte escándalo, y una mujer mayor le llamó la atención. En mala hora. Fue corriendo hasta la puerta de la casa de la pobre anciana y comenzó a golpearla, gritando; la mujer, aterrorizada, al intentar saltar por una ventana, cayó al suelo y se fracturó los tobillos. Por supuesto, fue detenido. Johnston afirmó que estaba intentando sacar al diablo del cuerpo de la abuela. Esta vez, nuestro ángel caído permaneció ingresado bastante más tiempo.

En 1990 le dieron el alta y, aprovechando la ocasión, los organizadores de los Premios Musicales de Austin decidieron invitarlo a actuar. Fue un concierto en el que el padre de Johnston, que lo había llevado a Austin en su pequeño avión biplaza, pudo comprobar cuánto lo apreciaba y quería la gente. El público estuvo entregado y feliz de verlo sobre el escenario.

Sin embargo, Johnston había dejado de nuevo de tomar su medicación, pensando, como siempre, que le impedía dar lo mejor de sí mismo a nivel artístico. Y el regreso a casa fue terrible.

Destructio

Durante el vuelo, Johnston estaba leyendo uno de sus cómics del fantasma Casper donde aparecía en la portada con un paracaídas. La enajenación le hizo querer tirarse, a pesar de que su padre le decía que no tenían paracaídas. Quitó las llaves del contacto del avión, las arrojó por la ventana y comenzó a forcejear con su padre por el control de la máquina. Johnston era robusto, y su padre apenas logró realizar un aterrizaje forzoso sobre unos árboles, donde el avión quedó destrozado. Ellos, milagrosamente, resultaron ilesos. Daniel volvió al hospital otros cinco meses más. Y después de salir, regresó de nuevo otra vez.

Entre estas idas y venidas, Daniel Johnston estaba haciéndose más célebre de lo que se podía esperar. Kurt Cobain lució una camiseta suya con la portada del *Hi, How Are You?* en múltiples ocasiones, y había elegido como uno de sus discos favoritos el *Yip/Jump Music* (1983), el quinto de la discografía de Johnston. Las discográficas se lo rifaban, pero la más interesada en la salud de Johnston fue Elektra, que le ofreció un contrato donde se le dispensaba el ir de gira, no podrían despedirlo si no promocionaba sus álbumes y tendría a su disposición a un médico especialista. Existían más especificaciones que beneficiaban a Johnston, comprendiendo su delicado estado de salud, pero él no aceptó. Elektra tenía en su catálogo de artistas a la banda Metallica, y Johnston los consideraba satánicos. Tenía miedo de que fueran a matarlo.

Fue una buena oportunidad que dejó pasar, además despidió a su mánager y amigo Jeff Tartakov de improviso. Jeff quedó muy dolido.

Cuando volvió a salir del hospital, firmó un contrato con Atlantic Records y grabó el que sería su único disco profesional: *Fun* (1994), producido por su amigo Paul Leary, de los Butthole Surfers. Pero como fue un desastre a nivel comercial, despidieron a Johnston de la discográfica dos años después. Solo había conseguido vender cinco mil ochocientas copias.

A lo largo de los años, hasta 2010, Johnston continuó publicando nuevos trabajos: discos en directo, con nuevos temas e incluso con una banda de apoyo detrás, The Nightmares, con la que grabó en 2005 *Freak Brain*.

En ese mismo año, el documental basado en su vida y experiencias *The Devil and Daniel Johnston*, dirigido por Jeff Feuerzeig, ganó el premio al mejor documental en el Festival de Sundance. En él quedaron reflejadas todas sus penurias y genialidades sin distinción, y le abrió las puertas a la escena internacional. Fue invitado a lo largo y ancho del mundo a dar conciertos, pero también a inaugurar exposiciones con sus obras visuales en museos como el Whitney de arte estadounidense de Nueva York o en la Bienal de Liverpool.

En 2012, Johnston publicó su primer cómic: *Space Ducks: An Infinite Comic Book of Musical Greatness*. Estos patos espaciales eran su escuadrón contra el diablo, su defensa en su batalla eterna contra Satanás. En 2017 se embarcó en una gira de despedida por varias ciudades estadounidenses, donde tocó junto a otros músicos a los que había influido, entre ellos Jeff Tweedy o la banda Built to Spill.

Desgraciadamente, el 11 de septiembre de 2019 Johnston fue hallado muerto en su casa por un supuesto ataque cardiaco. Un día antes le habían dado el alta del hospital por un problema renal no especificado.

Daniel Johnston nos legó su vida entera en un rosario de cintas de casete, su frágil belleza, su inocencia. Una guerra contra el diablo con su arte como espada, entre la frontera de la cordura y el dolor. Fue un ángel caído que vivió un infierno, pero que a cambio nos regaló mil cielos.

ESPEJO VIII

Lovecraft más allá del espacio y el tiempo

Manifestatio

No está muerto lo que duerme eternamente; y con el paso de los eones, aun la misma muerte puede morir.

A. ALHAZRED (C. 730), *Necronomicón*

Sin Howard Phillips Lovecraft (1890-1937), el género de terror contemporáneo sería imposible. No tendríamos a Stephen King, no disfrutaríamos de Thomas Ligotti o Emilio Bueso. Tampoco de la maravillosa banda de *rock* psicodélico H. P. Lovecraft, ¡ojo! Pero menos aún tendríamos a Lovecraft sin monstruos como Poe, Arthur Machen, Algernon Blackwood o lord Dunsany. Y él tampoco trabajó solo, se supo codear en sus innumerables cartas de gente con talento como Robert Bloch, Robert E. Howard o Clark Ashton Smith. Y entre todos crearon un universo ominoso de nuevos terrores y atrocidades.

Una de las primeras cosas que hay que puntualizar es que en el universo de Lovecraft no hay presencia divina, no hay dioses. En realidad, son seres y fuerzas cósmicas incomprensibles para la inteligencia y el conocimiento del ser humano. Y a todo aquello que no se entiende se le atribuyen características mágicas o sobrenaturales.

En su contundente materialismo mecanicista, el de Nueva Inglaterra manifestó que la posición de la humanidad en el universo es nimia, no hay mucho que pueda hacer ante el infinito de los espacios del cosmos. Y al universo le resulta indiferente la pre-

133

sencia humana, porque el universo, en realidad, no sirve a ningún propósito concreto, está ahí independientemente de qué o quién lo pueble. Y su propia naturaleza, desmedida, no puede ni podrá ser comprendida por las limitadas facultades del hombre. De hecho, la disonancia cognitiva que puede producirse al intentar penetrar en su conocimiento conduce sin remedio a la locura. Lovecraft siempre procuró estar informado sobre los nuevos descubrimientos en el campo de la física y la astronomía, que le sirvieron de inspiración y luego volcó en sus relatos. La ciencia, y no la religión, fue el eje sobre el que pivotó su ideario.

Este tremendo leñazo al antropocentrismo predominante de la época fue una de las bases del horror cósmico, primo hermano de la ciencia ficción y la fantasía, pero entroncado con el género de terror, que renovó y para el que abrió nuevas puertas. Sobre esta base filosófica, que llamamos *cosmicismo,* Lovecraft y su círculo construyeron el ciclo literario de los mitos de Cthulhu. Una mitopoeia amorfa, como las criaturas que lo habitan, en continuo crecimiento y evolución, ya que todo escritor que posea la audacia suficiente puede contribuir con sus ideas, por supuesto. No hubo una intención ni un orden concretos a la hora de construir los mitos de Cthulhu, cada autor colaboraba como bien le apetecía, y fue August Derleth (1909-1971) quien procuró darle, más adelante, una mínima coherencia y estructura, con mayor o menor fortuna.

Y en este contexto fueron brotando diferentes «deidades», que más que considerarse divinas, son, en realidad, extraterrestres sujetos a una serie de leyes naturales que para el ser humano resultan inimaginables. No son ni malvados ni benévolos con el ser humano, aunque sí peligrosos, porque están más allá de las nociones de *justicia* y *moralidad* humanas, existen en espacios más allá de la comprensión mortal. Y les damos completamente igual.

Cierto que algunos de estos entes toleran y mantienen cultos en su honor, sobre todo entre perturbados y degenerados, pero la presencia humana para ellos es como la de los protozoos para nosotros.

Infesto

Como antes hemos comentado, Lovecraft, al igual que los de su círculo, no pretendía crear unos mitos cohesionados, su panteón servía simplemente como elemento de fondo. Su cosmogonía no era estática ni poseía una arquitectura sólida; al contrario, era considerada un constructo estético adaptable a los deseos de cada autor y sus intereses. De ahí que las características de las entidades extradimensionales y extraterrestres que habitaban sus relatos fluctuaran, y que su categorización pudiera resultar a veces confusa. La mayoría de ellos coinciden en poseer una forma física que la mente humana es incapaz de procesar, provocando la locura en aquellos desafortunados que logran verlos; y tampoco el aparato fonador humano está concebido para pronunciar correctamente sus nombres.

No obstante, sí podemos observar una evolución temporal en la que la asistencia de August Derleth fue decisiva, ya que introdujo la lucha entre el bien y el mal con la inclusión de sus Dioses Arquetípicos (bondadosos), enfrentados a los Dioses Primigenios (malvados).

Las nociones de *bien* y *mal* nunca fueron propuestas por Lovecraft; de hecho, una parte de los estudiosos de su obra consideran esta intromisión de Derleth infiel a sus planteamientos originales. Sin embargo, la presencia de los Dioses Arquetípicos ya se encuentra enraizada en los mitos y, aunque a estas entidades se les otorga cierta benevolencia, no dejan de ser insensibles a la raza humana.

Y fueron estos Dioses Arquetípicos los que provocaron la caída de los Dioses Primigenios, después de una guerra. Los aprisionaron mediante el símbolo arcano, allá por el Triásico Inferior, y los dejaron hibernando en diversas dimensiones y rincones del universo, incluida la Tierra. Cuando acabara el presente ciclo cósmico, despertarían de nuevo, emergerían de sus prisiones y buscarían vengarse de sus adversarios. Mientras duermen, su poder es capaz de influir en las mentes más perceptivas de los humanos.

Parece que los Dioses Primigenios formaban parte de los Dioses Arquetípicos, pero al cometer una imperdonable blasfemia fueron derrotados y castigados por los Arquetípicos. A partir de entonces, los Dioses Primigenios llamaron a los Arquetípicos «los señores del dolor». Estos últimos descendieron a nuestro universo y se asentaron en Betelgeuse, y algunos se corresponden con las deidades de panteones antiguos como el egipcio, el griego o el nórdico. Son entidades pacíficas y algunos de sus nombres ya aparecían en relatos del mismo Lovecraft, como Nodens, el señor del gran abismo, o Hypnos; luego aparecieron también Oryx, Bast o Ulthar, que vigila el sueño de los Primigenios.

Los Dioses Primigenios son entidades caídas, prisioneras y sumidas en un sueño de eones. Dominaron una vez la Tierra, pero ahora aguardan a que termine el presente ciclo cósmico y sus sirvientes, los profundos, acechan en las costas de los océanos. Viven en ciudades submarinas y sus caudillos, Dagón e Hidra, dirigen el culto a su señor, Cthulhu. Se mezclan en ocasiones con los humanos, creando híbridos de aspecto pseudobatracio.

De los Dioses Primigenios el más célebre, aunque no el más poderoso, es Cthulhu. Lovecraft lo hizo una referencia central en sus relatos. Su primera aparición fue en la historia corta «La llamada de Cthulhu» (1928), que fue publicada ese mismo año en la revista *Weird Tales*.

Ph'nglui mglw'nafh Cthulhu R'lyeh wgah'nagl fhtagn! («En su morada de R'lyeh, el difunto Cthulhu espera, ¡soñando!») Este es el mantra que los seguidores de Cthulhu repiten en sus ceremonias sin cesar, rogando el regreso de su señor. Él descansa en la ciudad sumergida de R'lyeh, en algún lugar del Pacífico Sur, y es tan grande su poder que incluso hibernando influye en el subconsciente de la humanidad, llenándolo de zozobra y pesadillas.

Su apariencia física es monstruosa, colosal. Su silueta es vagamente humanoide: cabeza de pulpo, con tentáculos brotando donde debería estar la boca, de aspecto gomoso, posee unas rudimentarias alas membranosas en su espalda, brazos palmeados y garras, y mide cientos de metros de altura.

Su llegada desde el espacio exterior a la Tierra fue preparada por la vanguardia de sus semillas estelares, que construyeron R'lyeh, y derrotaron a la primera raza extraterrestre que pobló la Tierra, los antiguos. Estos últimos ya habían llegado en el eón Proterozoico, y fueron los creadores de la raza esclava de los shoggoths, que luego serían los responsables de su casi extinción. Más adelante, los shoggoths caerían bajo el dominio de los profundos.

De acuerdo con el sistema que planteó Derleth, Cthulhu es uno de los elementales del agua, y su archirrival sería su medio hermano Hastur, *el Innombrable*, elemental del aire.

Hastur aparece por primera vez en un relato corto de Ambrose Bierce (1842-c.1914), «Haïta, el pastor», de 1893, como una deidad benevolente. Robert W. Chambers (1865-1933) usó el nombre luego para representar tanto a un ser sobrenatural como a estrellas de la constelación de Aldebarán en su colección de relatos *El rey de amarillo* (1895). Lovecraft, entusiasmado con el nombre tras leer la obra de Chambers, lo adoptó para crear una nueva entidad cósmica a la que se rendía culto en la ciudad de Carcosa, en las Híades; y luego Derleth la incluyó entre los Primigenios.

Hastur tiene numerosos avatares, el más conocido es el Rey de Amarillo, aunque también puede aparecer como un cadáver putrefacto y abotargado.

Tsathoggua fue creado por Clark Ashton Smith. Apareció por primera vez en «El cuento de Satampra Zeiros» (1929, aunque fue impreso en 1931), y posteriormente en el relato de Lovecraft «El que susurra en la oscuridad» (1931). Es un elemental de la tierra, y duerme en las tinieblas del abismo de N'Kai, donde solo él y sus semillas, unos engendros polimorfos de icor negro, pueden sobrevivir. Antes del Pleistoceno, Tsathoggua tuvo un gran número de acólitos y devotos, aunque eran tan alienígenas como él mismo.

Su aspecto es regordete, con una gran panza, cabeza de sapo y el cuerpo cubierto de un pelaje corto y espeso. Tiene ojos globulares de pesados párpados caídos, con una extraña lengua asomando entre los labios gordezuelos; su estampa recuerda a una mezcla entre marmota y murciélago.

Ithaqua o el Wendigo es otro Dios Primigenio elemental del aire, pero, a diferencia de los que hemos nombrado, tiene sus raíces en el folclore de las Primeras Naciones de Canadá, en concreto en las tribus algonquinas. El Wendigo es un espíritu maligno que camina sobre el aire y reside en los bosques boreales. Posee a las personas, volviéndolas locas, haciéndoles cometer actos de codicia, asesinatos y hasta canibalismo. Son heraldos del invierno, el frío, la inanición y el hambre.

De una manera similar fue adaptado por Algernon Blackwood en su novela corta *El Wendigo* (1910), y August Derleth lo tomó de ahí para crear a Ithaqua en su «El ser que caminaba sobre el viento» (1933). No se conoce con exactitud su aspecto físico, aunque los pocos que consiguen salir vivos y recordar algo hablan de unos brillantes ojos rojos y una forma gigantesca de hielo o nieve. El culto a Ithaqua es muy reducido, y no consiste tanto en adorarlo como en buscar su mero apaciguamiento.

Possessio

A lo largo de los años, fueron surgiendo muchos más Dioses Primigenios, como Coatlicue, Mappo no Ryuin o Uitzilcapac, pero ninguno de ellos llegaría a alcanzar el poder y la abyección de sus superiores, los Dioses Exteriores. Podríamos considerarlos un tipo de Primigenios; de hecho, Cthulhu o Hastur son descendientes de ellos, pero de una estirpe mucho más antigua. Son enemigos de los Dioses Arquetípicos y también fueron derrotados, de ahí que su principal, Azathoth, se encuentre en un estado... atípico.

Los Dioses Exteriores no se encuentran aprisionados, sino que se hallan más allá del espacio y del tiempo, y solo su mensajero, Nyarlathotep, desciende al mundo físico tomando incluso en ocasiones forma humana.

En el panteón lovecraftiano no hay nadie más poderoso y peligroso que Azathoth, que hizo su primera aparición en *La búsqueda en sueños de la ignota Kadath* (1927). Él es la antítesis de la creación, el sultán de los demonios, el Dios idiota en el centro del infinito que roe, gime, blasfema y babea al son de unos tambores y flautas malditos que suenan a su alrededor para aquietarlo. Azathoth es ciego, Azathoth es absoluto, Azathoth es el primer motor del caos. Universos, dimensiones, toda ley de existencia, todo ser existente y viviente, todos existen en el sueño interminable de este caos monstruoso más allá del espacio angular. Su cuerpo está hecho de todas las estrellas del universo visible, pero su rostro está velado en las tinieblas. Nadie conoce su nombre real, Azathoth es el que le otorgó el árabe loco Abdul Alhazred.

Sus vástagos involuntarios son las entidades extradimensionales llamadas Dioses Exteriores, donde destaca la trinidad formada de Nyarlathotep, la Gran Oscuridad, y la Niebla Innombrable o Nyog'Sothep. La Niebla Innombrable parece que dio a luz a Yog-Sothoth, aunque es posible que ambos sean la misma entidad; y lo mismo ocurre con la Gran Oscuridad, que engendró a Shub-Niggurath, y posiblemente se trate de la misma deidad también.

De la copulación entre Yog-Sothoth y Shub-Niggurath resultaron Nug y Yeb, que a su vez generaron por partenogénesis a Cthulhu, Hastur o Tsathoggua.

El siguiente en poder a Azathoth, aunque algunos los consideran equivalentes, es Yog-Sothoth, aquel que ve y sabe todo. Su figura debutó en *El caso de Charles Dexter Ward* (1927-1941). Yog-Sothoth es el Todo en Uno y Uno en Todo, el omnisciente absoluto que se encuentra conectado a todo espacio y tiempo, aquel que conoce el pasado, el presente y el futuro porque para él son todo uno. Aunque se encuentra bloqueado fuera del universo que habitamos, Yog-Sothoth conoce la entrada, ya que él es el guardián de la entrada. Él es la entrada, él es la llave. Será el responsable de traer de vuelta a los Dioses Primigenios, y para su propósito fue incluso capaz de inseminar a una humana en la población de Dunwich, al sur de Nueva Inglaterra.

Su forma es la de un conglomerado globular de esferas iridiscentes y brillantes, en continuo proceso de creación y destrucción. Tiene un avatar de forma humana, aunque con el rostro velado, llamado 'Umr At-Tawil. Se halla en las Tierras del Sueño, donde custodia la Última Puerta o Puerta Suprema, que conduce a la estancia de Yog-Sothoth. Solo se puede acceder a ella con una llave de plata, y si se traspasa, allí aguardará Yog-Sothoth, que podrá conceder al devoto la gracia de viajar entre eras y dimensiones. Sin embargo, si 'Umr At-Tawil así lo decide, podrá retirar el velo de su rostro y volver loco al que lo mire. Pues solo se encuentra el más profundo horror tras él.

A pesar de tener un culto muy extendido, únicamente superado por el de Nyarlathotep, la deidad Shug-Niggurath solo se conoce por menciones en oraciones y hechizos. Se la considera la esposa de Yog-Sothoth y tiene la forma de una enorme nube maligna; aunque su encarnación para relacionarse con sus fieles es la de un macho cabrío negro, que utiliza para copular con ellos. Shub-Niggurath es la deidad originaria de la fertilidad, la diosa madre de los exteriores, y se la llama la Cabra de los Bosques de las Mil crías. Se la podría relacionar con la Astarté fenicia o la Cibeles frigia, aunque su presencia y culto es mucho más antiguo y espantoso.

Shub-Niggurath aparece por primera vez en un salmo de *El que susurra en la oscuridad* (1931), aunque en el relato «Reliquia de un mundo olvidado» (1935), que Lovecraft escribió junto a Hazel Heald (1896-1961), toma un papel ligeramente más activo a través de su sumo sacerdote T'yog, que vivió en el continente perdido de Mu hace 300 millones de años.

De los Dioses Exteriores, o los Otros Dioses, como los llamó Lovecraft, el que ha mantenido un mayor contacto con los humanos es Nyarlathotep, el Caos Reptante. Hizo su debut en el relato «Nyarlathotep», incluido en la antología *Los Hongos de Yuggoth* (1920).

Esta entidad posee una inteligencia malévola y se deleita en la crueldad y el dolor. Le interesa más causar miedo y locura que muerte y destrucción, aunque su objetivo final sea aniquilar a la raza humana y la Tierra. Es manipulador y ambiguo, y es conocido por sus miles de avatares y formas, la mayoría espeluznantes.

Al contrario que otros de sus camaradas Exteriores, Nyarlathotep no se encuentra ni exiliado ni sumido en la inconsciencia. Consiguió escapar del símbolo arcano de los Dioses Arquetípicos. Nyarlathotep es una criatura dinámica y camina sobre la Tierra incluso en forma humana, pasando desapercibido si así lo desea. De este modo, el Caos Reptante puede ser y es el mensajero de los Dioses, representando su voluntad, sobre todo la de su padre Azathoth, al que desprecia profundamente.

Se trata de la entidad que más fieles y adeptos acumula, y eso se debe también a la ingente labor de proselitismo y propaganda que realiza el propio Nyarlathotep. Como un vendedor de crecepelo itinerante, va reclutando seguidores con sus espectáculos de magia y extraños artilugios.

Nyarlathotep es un metamorfo, y entre sus diversos avatares encontramos el Faraón Negro, el Dios sin Rostro, el Hombre Verde céltico, Barón Samedi, el lama Tcho-Tcho de la meseta de Leng, el Morador de las Tinieblas, el Hombre Negro o Samael.

Destructio

Quien quisiera ampliar sus conocimientos respecto a estas fuerzas del cosmos, a sabiendas del inmenso peligro que supone acceder a un tipo de sabiduría que no pertenece al orden natural humano, podía intentarlo a través de una serie de textos y grimorios. Como las propias deidades, son ficticios y creados por los autores del círculo de Lovecraft, aunque con el tiempo se han añadido decenas y decenas. Los principales y más abyectos incluyen el *Necronomicón*, *Culte des Goules* o *De Vermis Mysteriis*.

Culte des Goules fue creado para los mitos por Robert Bloch, y su autor es el imaginario Comte D'Erlette. En 1702 fue publicado en Francia y solo unas pocas copias sobreviven, una de ellas en Nueva Inglaterra. Se trata de un libro de magia negra dedicado a la nigromancia o control de los muertos.

El *Libro de Eibon* fue introducido en los mitos por Clark Ashton Smith. Su autor ficticio fue un mago llamado Eibon de la tierra de Hiperbórea. Es un texto colosal de conocimiento arcano escrito en una lengua extinta, mucho antes de la glaciación cuaternaria. Contiene, entre otros temas, las aventuras de este mago, sus viajes, sus rituales de veneración a extraños dioses y sus fórmulas mágicas. Solo hay una copia completa del *Libro de Eibon*, fragmentada por diferentes partes del mundo, aunque existen traducciones al latín y al francés.

Las reglas de la ruina apareció por primera vez en la novela de Joseph S. Pulver (1955-2020) *Nightmare's disciple* (1999). Es un tomo escrito por el fraile Felipe de Navarra en 1520, y describe la llegada de un mesías destructor que, nacido en el Nuevo

Mundo, liberará de su prisión estelar a la Diosa Primigenia Kassogtha, hermana y prometida de Cthulhu.

Los siete libros crípticos de Hsan y los *Manuscritos pnakóticos* fueron introducidos en los mitos por Lovecraft en su «Polaris» (1918), «Los otros dioses» (1920) y *La búsqueda en sueños de la ignota Kadath* (1926). Copias de ambos son guardadas en la ciudad de Ulthar, en las Tierras del Sueño. Los *Manuscritos pnakóticos* fueron escritos en la «congelada Lomar» por la gran raza de los Yith, la única especie que consiguió dominar los viajes en el tiempo. Fundaron un imperio y una gran metrópolis en la Tierra, Pnakotus, con una esmerada biblioteca, situada en el actual Gran Desierto Arenoso de Australia. No existen ya copias de estas dos obras y se desconoce su contenido, aunque sí sabemos que Randolph Carter, durante sus aventuras oníricas, las consultó en su búsqueda de Kadath.

De Vermis Mysteriis o los misterios del gusano es un grimorio creado por Robert Bloch, que hizo su debut en el relato «El secreto en la tumba» (1935). Ha sido utilizado con profusión por otros autores, como el propio Lovecraft o Stephen King. Su creador imaginario fue Ludwig Prinn, un alquimista, nigromante y mago reputado, que alcanzó una edad milagrosa hasta que fue quemado en la hoguera a principios del siglo XVI. Fue capturado en las ruinas de una tumba prerromana en los bosques que envolvían Bruselas, rodeado de demonios familiares y conjuros aberrantes. Moraba ahí entre las cañadas más oscuras y los altares paganos, donde todavía podían observarse manchas de sangre fresca.

En este volumen, Prinn escribió que fue apresado durante la novena cruzada en 1271, y que aprendió todo su saber sobre lo oculto de magos y brujos de Siria, con conocimientos que se retrotraían al Antiguo Egipto o antes, quizá brindados por el mismo Nyarlathotep. El contenido de *De Vermis Mysteriis* se puede simplificar en hechizos, encantamientos e invocaciones para convocar extrañas entidades, desde gules, ifrits, *djinns* hasta seres de otras dimensiones o del espacio exterior. Sus secretos son infernales y pueden conducir a una muerte horrible.

Los *Unaussprechlichen Kulten* (aunque debería ser «Von Unaussprechlichen Kulten» o «Unaussprechlichen Kulte» en correcto alemán) fueron introducidos en los mitos por Robert E. Howard en 1931 en sus relatos «Los hijos de la noche» y «La piedra negra». Su autor ficticio fue Friedrich von Junzt, y la traducción de su volumen podría ser algo así como «Los cultos innombrables».

Su primera edición se rastrea hasta Düsseldorf en 1839; y la primera inglesa en Londres en 1845, aunque con una traducción defectuosa y multitud de erratas. Por supuesto, una copia en el alemán original se encuentra en la biblioteca de la Universidad de Miskatonic, en Arkham.

El contenido de *Unaussprechlichen Kulten* trata sobre cultos a deidades prehumanas, e incluye jeroglíficos para una correcta liturgia. También cuenta la historia del sacerdote hereje de Mu, T'yog, y las localizaciones de ciertos templos sacrílegos en la Tierra.

El *Libro de Azathoth*, sin embargo, se acerca más al concepto de libro relacionado con el tradicional pacto fáustico. Mencionado en «Los sueños en la casa de la bruja» (1932) de Lovecraft, se trata del volumen clásico donde el protagonista es obligado a firmar con su propia sangre, prometiendo entregar su alma a los Otros Dioses o Dioses Exteriores y abjurando del dios cristiano. El libro es custodiado por Nyarlathotep en su forma de Hombre Negro.

Empero, no es sino el *Necronomicón* el grimorio más afamado y funesto de los mitos de Cthulhu. Tanto es así que ha sobrepasado las fronteras del ciclo literario y ya forma parte de la cultura popular. De hecho, a pesar de que su creador, H. P. Lovecraft, insistió en que era pura invención, a lo largo de las décadas han aparecido en los catálogos de diversas bibliotecas de todo el globo supuestos volúmenes del *Necronomicón*. También se han publicado presuntos «necronomicones» en multitud de editoriales, siendo todos falsos, pero con su propio interés.

El *Necronomicón* hizo su debut en el cuento «El sabueso» (1924) de Lovecraft, aunque en «La ciudad sin nombre» (1922) su autor ya había sido mentado.

El título original en árabe es *Kitab al-Azif*, y hace alusión al zumbido de los insectos por la noche, un sonido relacionado con los espíritus malignos y demonios, quizá vinculado a Belcebú, el

145

Señor de las Moscas. Su autor ficticio es el yemení loco Abdul Al-hazred, que lo redactó al regresar de su exilio en el desierto. Alhazred entre los suyos ya poseía mala fama, pues era notorio por buscar conocimientos prohibidos, y llegó un momento en que fue amenazado de muerte si no cesaba en sus indagaciones. Así que se exilió en torno al año 700 d. C. y vagabundeó por las ruinas de Babilonia, los sepulcros de Menfis; y durante diez años recorrió el desierto de Arabia, visitando la mítica ciudad perdida de Irem, la de las columnas *(Iram ḏāt al-'imād)*. En su errar por el desierto, contactó con gules y otras criaturas sobrenaturales que compartieron con él sus secretos y su sabiduría sobre los Dioses Primigenios. Cuando finalizó su exilio, se dirigió a Damasco como ferviente devoto de Cthulhu y Yog-Sothoth, y dedicó su tiempo a escribir el que luego sería el libro blasfemo más célebre de todos los tiempos. Hacia el año 738, Alhazred sufrió un ataque brutal a plena luz del día: un monstruo invisible lo despedazó y devoró en las calles de Damasco, ante decenas de testigos.

Tanto por el misterio de su horrible muerte como por el contenido de su libro, *Kitab al-Azif* comenzó a circular entre eruditos y filósofos de la época a gran velocidad. En el siglo X tuvo su primera traducción al griego en Constantinopla, y se le dio el nombre de *Necronomicón* o el libro de la ley de los muertos. Esta versión se difundió muy rápido, y con su propagación aparecieron las primeras consecuencias de experimentar con él. Todas atroces. En consecuencia, el patriarca Miguel mandó erradicar y quemar todos los volúmenes en el año 1050.

Pero el *Necronomicón* sobrevivió en la clandestinidad, y en el siglo XIII tuvo ya su primera traducción al latín desde el griego gracias a Olaus Wormius. Ambas traducciones, griega y latina, fueron prohibidas por el papa Gregorio IX en 1232; la original en árabe ya había casi desaparecido en el siglo XI.

Sin embargo, el *Necronomicón* siguió perdurando en ediciones alemanas y españolas de la traducción de Wormius, durante los siglos XV y XVII. El ocultista y matemático isabelino John Dee (1527-*circa* 1609) tradujo el volumen al inglés, pero solo sobrevivieron escasos fragmentos. También parece que perduró una copia del árabe al castellano antiguo, el *Alacife,* que se publicó en León en el siglo XIV, traducida de unos textos requisados al rey Abderramán I. Actualmente, se guarda en el Archivo General de Simancas, en Valladolid.

De acuerdo con la historia de Lovecraft, todavía existen copias del *Necronomicón* en varios museos y bibliotecas de universidades, entre ellas la Universidad de Miskatonic, poseedora de una edición española del siglo XVII. Hay otros ejemplares en manos privadas, como las de Joseph Curwen o el pintor R. U. Pickman, pero todos ellos se han mantenido protegidos y aislados del público general.

La mera lectura del *Necronomicón* pone en riesgo la vida del lector, se trata de un tomo peligroso. Los contenidos se distribuyen en cuatro secciones distintas: la primera, dedicada a contar las grandezas y el esplendor de los Dioses Primigenios y sus cohortes; la segunda, narra lo acontecido en el año de la muerte y describe a Nyarlathotep; la tercera, habla sobre magia, rituales y arcanos; y la cuarta, sin ordenación en capítulos, es una profecía escrita en el *Libro del destino.*

Existen más grimorios y libros malditos, así como objetos nocivos, como el Trapezoedro Resplandeciente, que puede atraer, invocar o infiltrar a seres provenientes de los vacíos atemporales del espacio. El conocimiento que proporcionan es inimaginable, pero el precio que hay que pagar por él también es horrendo. Sin embargo, con los que hemos repasado aquí ya tenéis suficiente para haceros la vida un poco más complicada. O no.

ESPEJO IX

Maddie e Illyana, reinas de Inferno

Manifestatio

Chris Claremont es quizá uno de los guionistas más importantes que la Casa de las Ideas ha tenido la suerte de contratar. Es un monstruo del cómic como John Byrne, Grant Morrison, Louise Simonson, Stan Lee, Steve Englehart o Ann Nocenti. Seres casi sobrenaturales que han creado, a lo largo de las décadas, un universo artístico y literario colosal sin el cual Disney no estaría ahora mismo ganando dólares a espuertas.

No obstante, hasta los semidioses pueden tener malos momentos, y Claremont se cabreó como una mona hace ya más de treinta años. Y con razón. Pero hasta de una cólera huracanada puede salir algo bueno, no debemos olvidar que estamos hablando de entidades sobrehumanas, y Claremont, junto a Louise Simonson, convirtió una chapuza monumental en uno de los *crossovers* comiqueros más importantes y estupendos no solo de Marvel, sino de la historia del cómic de superhéroes. Su nombre: *Inferno*.

Vayamos al principio de todo, entonces. Como Raimon Fonseca nos cuenta en la introducción del ómnibus que Panini publicó en 2022 dedicado a *Inferno*, para entender el nacimiento de este *crossover* hay que ir hacia atrás en el tiempo. Claremont quería, por fin, una relación feliz entre Scott Summers (Cíclope) y Jean Grey (la Chica Maravillosa). Es algo que no acababa de suceder, era un tira y afloja que, con el suicidio de Fénix/Jean Grey, no tenía visos de que fuera a consumarse. Nunca.

La desaparición de Jean Grey enfadó bastante a Claremont, pero aun así decidió brindarle un final feliz a la pareja. Porque sí, porque ya valía. Así que, inspirándose en *Vértigo* (1958) de Alfred Hitchcock, creó el personaje de Madelyne Pryor.

Chris Claremont es conocido por concebir personajes femeninos fuertes, y Maddy no iba a ser una excepción, aunque quizá no de la manera que tenía en mente en inicio. Con Paul Smith a los pinceles, Claremont hizo aparecer en Alaska a una piloto de aviación que era el vivo retrato de la desdichada Jean Grey. Mientras Scott visitaba a sus abuelos, la conoció y surgió el amor. Se casaron y después de unos incidentes en su luna de miel, Scott determinó que era mejor retirarse a un segundo plano y dedicarse a su familia, porque, además, Madelyne estaba embarazada. Todo parecía encarrilado, pero nanay.

El equipo creativo de Bob Layton quería recuperar la formación original de la Patrulla-X para conformar un nuevo equipo, el que más tarde sería Factor-X. Pero entre otros problemas, se encontraron con que Jean Grey estaba muerta, y hacerla volver con un mínimo de coherencia iba a resultar peliagudo. Nadie contaba con que pudiera ocurrir; sin embargo, la solución vino del cerebro de un por entonces *jovenzano* Kurt Busiek, que echando mano de la socorrida retrocontinuidad, logró «resucitar» a la pelirroja. La idea se la contó a Layton el propio John Byrne, y se convirtió en una resolución polémica que no gustó a muchos fans y todavía menos a Chris Claremont.

Todos sus planes respecto a Madelyne y Scott quedaban de esta forma anulados, por lo que, tras la legítima indignación, decidió arremangarse las mangas de la camisa y montar un buen espectáculo. A grandes males, grandes remedios. Pero no lo hizo solo, contó con la guionista Louise Simonson, que, en realidad, fue la que llevó el mayor peso creativo. Y también trabajaron Steve Engelhart, Gerry Conway, David Michelinie, Ann Nocenti, Walter Simonson, Jon Bogdanove, Terry Austin y Julianna Jones.

Inferno fue un antes y un después en las colecciones de mutantes de Marvel del momento: Patrulla-X, Factor-X, X-Terminadores y Nuevos Mutantes. Entre octubre de 1988 y agosto de 1989 puso todo patas arriba, porque sus ondas expansivas afectaron también a otras colecciones, como las de Spiderman, Daredevil, los 4 Fantásticos o los Vengadores, un cataclismo que invadió Nueva York de hordas de demonios procedentes del Limbo. El mismo tejido de la realidad, el sumun y la sustancia de todo lo que fue y será comenzó a desmoronarse.

Y las protagonistas absolutas de este desmadre fueron Madelyne Pryor e Illyana Nikolaievna Rasputina. Ambas cayeron en las fauces del mal, dos inocentes a las que se sometió a crueles sufrimientos. Solo una consiguió redimirse. Solo una puede decirse que tuvo una despedida por todo lo alto.

Infesto

Illyana Nikolaievna Rasputina nació en una granja colectiva en Ust Ordyski, Siberia, cerca del lago Baikal. Sus dos hermanos mayores son dos poderosos mutantes, Mikhail, que acabó convirtiéndose en un supervillano por culpa de la Agencia Espacial Federal Rusa, y Piotr, más conocido por su alias, Coloso, en la Patrulla-X. Era de esperar que la pequeña Illyana compartiera con sus hermanos el mismo gen mutante, aunque con seis años todavía no había despertado. Porque con seis años fue secuestrada. Ser hermana de Coloso y una niñita la convertían en un objetivo lógico para cualquier enemigo de los mutantes, como fue el caso de la señorita Locke y Arcade, pero pronto fue rescatada y trasladada a la Mansión-X. Ahí se suponía que estaría protegida y podría recibir una educación adecuada cuando sus poderes mutantes se manifestaran. Pero no iba a ser todo tan sencillo, ¿verdad?

Belasco, un hechicero y brujo que llevaba dando tumbos por el mundo desde el siglo XIII, dirigió su atención al potencial de Illyana. No solo por sus poderes latentes mutantes, sino por la pureza de su alma. Belasco era en esos momentos gobernante del Limbo, y desde ahí servía a sus señores y amos los Dioses Arcanos *(Elder Gods)*. Su objetivo era abrir un portal que lograra traerlos a nuestra realidad. Para conseguir tan lovecraftiano fin, necesitaba completar un pentáculo de oro con cinco gemas de sangre que ejercerían de llave. Y estas cinco gemas de sangre solo pueden proceder de un alma muy pura, que la magia de Belasco iría fragmentando en cinco partes. Cuando el proceso se completase, la persona donante estaría tan corrompida que habría dejado de ser humana, se habría convertido en un demonio; y Belasco sería capaz, por fin, de abrir el pórtico místico para los Dioses Arcanos.

Illyana, además, no solo podía asumir el mero papel de donante, sino que gracias a su potencial mutante poseía las aptitudes para llegar a ser una gran hechicera, la Niña Oscura. Para Belasco era perfecta, así que decidió raptarla. La instruiría para que fuera su discípula y futura consorte, y con su alma fraccionada en el pentáculo de las gemas de sangre liberaría a los Dioses Arcanos. Un plan excelente.

Y la secuestró, por supuesto, y la llevó al Limbo con solo siete años. Pero antes es importante advertir ciertas cosillas sobre el Limbo, también denominado Otro Lugar. El Limbo es un lugar terrible, una dimensión enigmática que existe más allá de las estructuras racionales del espacio y el tiempo. La realidad ahí es cambiante, según los deseos de su gobernante. El tiempo es diferente, un tiempo es todo tiempo en el Limbo, todas las épocas son el mismo tiempo en el Limbo. Elecciones alternativas significan líneas temporales alternativas que crean gente alternativa; en el Limbo nunca hay un camino correcto, todos los caminos conducen a un mal mayor. Porque el Limbo está y estaba habitado por demonios de todo tipo, entre ellos los poderosos S'ym y N'Astirh, vasallos de Belasco y rivales entre sí.

A causa de las particularidades espacio-temporales del Limbo, cuando Belasco secuestra a Illyana en la Mansión-X y la Patrulla-X va en su rescate, se produce una dislocación, una distorsión que produce dos realidades alternativas. En una, la Patrulla-X consiguió devolver a Illyana a la Mansión-X, pero los mutantes quedaron atrapados en el Limbo, donde durante años fueron hostigados, perseguidos, torturados y, finalmente, destruidos por Belasco; y otra donde la Patrulla-X no logró recuperar a Illyana, quedando la niña aprisionada en el Limbo.

En ese horrible sitio, Illyana fue sometida a los abusos y maltratos de S'ym, fue educada personalmente en magia negra por Belasco, que le arrebató dos fragmentos más de su alma, sin embargo, también fue adiestrada en magia blanca por una Tormenta anciana, y en combate personal por Kitty Pryde, su mejor amiga, pero que Belasco había transformado en una criatura felina demoníaca. Aunque ambas procuraron proteger y ayudar a Illyana a su manera, ninguna sobrevivió.

Illyana creció durante siete años en el Limbo, fue templada en un lugar espantoso por dos fuerzas opuestas, Belasco y Ororo (Tormenta). Asimiló todo el conocimiento, tanto del bien como del mal, incluso teniendo tres partes de sí misma consagradas al mal en las gemas de sangre.

Pero Illyana no se resignó al destino de Niña Oscura que le había preparado Belasco. La tristeza y el dolor por la pérdida de sus amigos, de la que se sentía responsable, así como todo el sufrimiento que había padecido en el Limbo, la determinaron a enfrentarse a Belasco para deshacerse de su brida. Asimismo, sus poderes mutantes se habían manifestado: Illyana era capaz de crear discos de luz teleportadores que usan el Limbo como estación de paso; y en el propio Limbo esa teleportación, además de espacial, puede ser temporal.

Para combatir a Belasco, Illyana creó con magia la *Espada Alma*. Esta espada era pura energía, un poder mágico concentrado a través del alma de Illyana y cuyo propósito era la destrucción. Había sido forjada por los fuegos mellizos del dolor y la furia, y la violencia de esas emociones despertaba una sed de sangre enloquecida en Illyana cada vez que la conjuraba. Cada vez que la invocaba, la corrupción de su alma se extendía un poco más, creando una armadura que cubría su nuevo cuerpo demoníaco. Llegaría un momento en el que ya no quedaría nada de Illyana, solo la Niña Oscura.

Tras vencer a Belasco, este huyó e Illyana quedó libre de sus restricciones, pudiendo salir del Limbo si así lo deseaba. Y se le presentó un dilema: quedarse en el Limbo como su gobernante, intentando crear un espacio restablecido de las heridas de Belasco, aceptando su legado de Niña Oscura; o regresar y esperar a, tarde o temprano, volver a toparse con Belasco. Y regresó, y en la Mansión-X solo habían transcurrido segundos desde su secuestro cuando apareció ella con catorce años. Y formaría así parte del joven equipo de los Nuevos Mutantes con el nombre de

Magik, junto a Karma, Loba Venenosa, Mancha Solar, Espejismo y Bala de Cañón. Más adelante se unirían también Magma, Cifra y Warlock.

Sin embargo, al haber vencido a Belasco, Illyana quedó como señora y ama indiscutible del Limbo. Incluidos todos sus demonios. Le gustase o no. Sin embargo, resultó una gobernante renuente que evitó todo lo que pudo sus nuevas responsabilidades, que huía de su esencia demoníaca, aunque cada día aumentara un poco más; y esta actitud abúlica, inevitablemente, conduciría a la rebelión de S'ym y N'Astirh. Se canalizaría en *Inferno*.

Possessio

Madelyne Pryor es uno de los personajes mutantes más vejados del universo mutante de Marvel. Y eso es decir bastante, porque gente como Rachel Summers o Polaris, por poner dos ejemplos al vuelo, han sido martirizados de lo lindo.

Concebida como una simple humana que pudiera brindar a los lectores el consuelo de un final feliz al menos para Scott Summers, Maddie se convirtió en algo mucho más turbulento que se podría relacionar hasta con la Medea clásica. Claremont no escatimó en imaginación para resarcirse del regreso de Jean Grey y convertir a su nueva creación en toda una reina, la Reina Duende (Goblin Queen). Pero eso es adelantarnos mucho en la historia.

Scott y Maddie vivían en Alaska como una familia normal, tenían a su hijito, Nathan, al que adoraban, y parecía que Cíclope se conformaba con ser reservista en los mutantes. Lo parecía, aunque no era así. Scott seguía pensando en Jean, su nueva vida no lo llenaba, y Maddie se daba cuenta. Pese a que ponía todo de su parte para hacerlo feliz, no lo conseguía, y eso la llenaba de desasosiego. ¿Se casó con ella solo porque le recordaba a su amor desaparecido? Y un día, para su completa angustia, Scott desapareció sin dejar rastro. Y a no mucho tardar, un equipo de mercenarios la atacó, secuestró a su hijo y la dio por muerta tras intentar asesinarla en uno de sus vuelos.

Contra todo pronóstico, Maddie sobrevivió tras pasar varios meses en coma, aunque despertó muy confusa. Llamó a la Patrulla-X preguntando el motivo del abandono de Scott, la razón de que se hubiera llevado a su hijo, pero los mercenarios la volvieron a localizar e intentaron matarla de nuevo, salvo que esta vez la Patrulla-X llegó a tiempo. Era evidente que alguien estaba muy interesado en eliminar a Maddie, así que la Patrulla-X la tomó bajo su protección.

¿Quién podía ser? Lo que sí sabían es que esos asesinos se hacían llamar los Merodeadores, y entre ellos se encontraba Polaris, la antigua novia de Alex Summers, el hermano de Scott. Pero se trataba de una Polaris poseída por la mutante incorpórea Malicia, un ser depravado que disfrutaba haciendo sufrir.

Maddie empezó a manifestar pensamientos suicidas, la lógica depresión por el abandono de Scott y la desaparición de su hijo, sin embargo, encontró un apoyo en el solitario Alex Summers, que tenía el corazón roto también. Pronto se hicieron amantes. Y en uno de sus turnos de vigilancia, que era como ayudaba a la Patrulla-X, Maddie visionó en una de sus pantallas a Scott junto a... Jean Grey.

La realidad fue que Scott había abandonado a Maddie en cuanto se enteró de que Jean estaba viva, y junto a ella y a los miembros originales de la Patrulla-X formó Factor-X. Sin mirar atrás, sin dudarlo un instante. Este tipo de proceder delezable por parte de uno de los héroes incólumes del universo mutante generó mucha controversia y, aunque intentaron maquillar la situación, el mal ya estaba hecho.

Madelyne Pryor colapsó, y en esos momentos de vulnerabilidad y sufrimiento absolutos, hizo acto de presencia el demonio S'ym. Este manipuló su inconsciente haciéndola caer en una pesadilla donde Scott Summers le arrebataba su rostro, su identidad, su vida y su bebé, para entregar todo a su verdadero amor, Jean Grey. Ella no era nadie comparada con Grey, ella era solo una vulgar humana, y por eso la abandonó en un desierto para morir. Sin embargo, S'ym se encargó de restituir su integridad y en un entorno paradisíaco, haciéndole creer que se trataba de un sueño, consiguió que realizara un pacto con él. Y así nació la Reina Duende, que se transformaría en un ser de inmenso poder, un poder que ni S'ym podría imaginar y que llegaría a tener.

159

¿Cómo fue eso posible? Madelyne Pryor no era una simple humana. Tampoco una mutante común. Y el conocimiento de su auténtico origen acabaría de perturbar su mente.

¿De qué manera puede sentirse uno si le dijeran que él no es él, sino una copia desechada de otra persona? ¿Qué ocurriría si nos demostrasen que nuestros recuerdos no son nuestros, que nuestra vida ha sido una mentira? ¿Cuál sería la reacción de alguien al que le contaran que todo en su existencia ha sido programado y diseñado con antelación para ser una mera fuente de material genético? Porque esto es lo que sucedió con Madelyne Pryor, que, a falta de más desgracias, no se le ocurrió otra idea que hacer un nuevo pacto demoníaco, pero esta vez con N'Astirh, el rival de S'ym. Lo ayudaría en sus planes si le devolvía a su hijo.

Pero centrémonos en la situación: tras el golpe que supuso la pérdida de su bebé y el abandono de su marido, a esta mujer se le comunicó que era un clon de Jean Grey, material genético de primera para mezclar con otro de calidad suprema, el de Scott Summers, y así lograr concebir un mutante de gran perfección. Este tipo de experimentos enfocados en la eugenesia mutante eran la especialidad del supervillano Mr. Siniestro. Este señor, que sufrió una profunda metamorfosis física en manos del mutante de nivel α Apocalipsis, lleva paseándose por el mundo desde la Inglaterra victoriana, con las leyes de Mendel y las teorías de Darwin (al que conoció) grabadas a fuego en su mente de psicópata. Él fue el cerebro tras los Merodeadores, él fue quien secuestró al hijo de Maddie y ordenó su eliminación porque ya no le hacía falta, ¡Jean Grey había reaparecido! Y su clon podía conducir a sus enemigos hasta él. Siniestro solo trabaja en la oscuridad, como un maestro de marionetas.

Tras estas revelaciones, la integridad mental y emocional de Madelyne Pryor, ya como Reina Duende, se desintegró. Su caída en la locura fue total. La conjunción de sus poderes mutantes con los místicos otorgados por S'ym y N'Astirh hicieron de su persona un ente aterrador. Un aliado formidable para estos dos demonios, si lograban mantener cierto control sobre ella, ya que, con su asistencia en sus propósitos de invasión de llevar el Limbo al plano de existencia humano, estos se llevarían a cabo con mucha más facilidad.

Destructio

Con una Illyana reacia a encarar su naturaleza demoníaca y, por ende, poco dispuesta a ejercer el gobierno en el Limbo, que surgieran arribistas era solo una cuestión de tiempo. Ese vacío de poder tenía que volver a ocuparse, y más en un lugar de caos como el Otro Lugar. El demonio S'ym, afectado, además, por un virus tecnoorgánico que lo hacía casi invulnerable, solo aprovechó la ocasión. Sin embargo, no fue el único, su rival N'Astirh también aspiraba al trono del Limbo, pero su poder inferior lo obligaba a discurrir otro tipo de estrategias.

No obstante, ambos demonios tenían el común deseo de llevar el Limbo a la Tierra, de conquistarla, y se pusieron manos a la obra engañando a Illyana. Gracias a su estratagema, consiguieron que Magik abriera un portal entre el Limbo y la dimensión humana, aunque para mantenerlo abierto debieron recurrir al sacrificio de trece bebés mutantes que N'Astirh, enviado a la Tierra, no tardó en conseguir. Y así comenzó el *inferno* en la Tierra. O al menos en Nueva York, que es casi decir lo mismo para Marvel.

Comenzaron a llover demonios del cielo, un enorme pentagrama invertido de fuego ardía sobre Times Square, objetos inanimados cobraron vida: ascensores devorando al gentío, vagones de metro riendo a carcajadas descarrilando a toda velocidad, autobuses convirtiéndose en serpientes, prendas de ropa intentando estrangular a clientes... y personas transformándose en dieciocho tipos de demonios distintos. Disturbios, saqueos, pánico. Todo bajo la maligna mirada de un Empire State Building que, con la magia de la Reina Duende, duplicaba su tamaño gracias a la esencia de las almas humanas absorbidas en el tejido de la estructura. Listo para crear un puente entre la Tierra y el Limbo.

Un miasma de perversidad emanaba del portal, cuyos efectos distorsionaban la psique de la muchedumbre, incluidos los mutantes, Patrulla-X, Factor-X, X-Terminadores y Nuevos Mutantes, todos combatiendo en una ciudad que había enloquecido.

Fue entonces cuando Magik se dio cuenta de su error al negar el legado de la Niña Oscura; no podía renegar más tiempo de lo que fue y será, su culpabilidad y vergüenza solo habían servido para alimentar el mal. Así que lo aceptó y, con su cuerpo ya totalmente cubierto por la armadura mágica, ya no más humana, sino demonio, Illyana comenzó a gozar de su verdadero poder. Y supo que, si no asumía este rol, la Tierra sería destruida. Esta fue su caída, completa y necesaria; aquella que podría brindarle, quizá, una redención más adelante.

Sin embargo, el caso de la Reina Duende fue distinto. Ella también decidió aceptar su naturaleza, pero lo hizo mediante la manipulación de dos demonios que habían deformado y potenciado la parte oscura de su alma, creando lazos que la ataban al rencor, a la venganza, a la locura. Y, consciente de ello, prosiguió adelante en su camino a la autodestrucción. La Reina Duende, en realidad, solo quería superar la herencia de Siniestro, ser ella misma y no una mera copia de otra persona, pero el odio y la tristeza la habían hecho tan poderosa como ciega, y estaba dispuesta a matar a su propio hijo.

Pero aquí no hay ningún Helios al rescate de Medea, solo un deseo inmaculado de aniquilamiento, de destruir todo lo existente. Y esta fue la muerte gloriosa, trágica, de una mujer que, simplemente, quería tener una vida propia y plena. Pero que acabó en el *Inferno*.

ESPEJO X

Leni

Manifestatio

Kinder, Küche, Kirche. Die drei K.

A Leni no se le aplicaban estos preceptos. Las tres K, famosas durante el Imperio alemán de Guillermo I y que Hitler recauchutó para su visión de la sociedad ideal germana, no eran para Leni. Este estaba más allá. Leni volaba, dorada y adorada con la bendición del Führer, sobre convenciones y prejuicios. Niños, iglesia y cocina. ¿Quería Leni recibir la Cruz de Honor de la Madre Alemana por tener dos pares de hijos? No. Leni no quería nada de eso. Leni quería danzar, quería actuar, quería sentir y expresar la belleza con su cámara. Leni era una artista, sin más.

¿Sin más?

No, no sin más.

Leni Riefenstahl fue el ángel predilecto del indudable Lucifer del siglo XX y, como él, alcanzó la gloria del triunfo y la victoria, para luego caer de manera fulminante.

Pero Leni no se acobardó, a pesar del estigma y las acusaciones, ella siempre defendió su posición apolítica durante el Tercer Reich. Fue objeto de cuatro procedimientos de desnazificación en los que fue exonerada, aunque declarada *mitläufer* (simpatizante nazi), como se consideró también a toda esa población miedosa que eligió mirar hacia otro lado y dejarse llevar por la corriente. Más de cincuenta litigios vinieron después, y de todos salió bastante airosa. Solo en 2002 tuvo que retractarse de unas declaraciones públicas previas, pero nunca enfrentó cargos criminales.

Sin embargo, nada fue así de simple en la vida y la obra de Leni. Ella, tras la guerra, interpretó el papel del alemán común que decía ignorar las carnicerías que se estaban perpetrando; ella fue la representación más visible de la defensa más manida: no saber que ese holocausto estaba teniendo lugar. ¿Quién podía imaginar semejante horror? Imposible.

Pero Leni fue una testigo privilegiada, espectadora en primera fila de terribles sucesos. ¿Acaso, como artista que era, no tuvo conciencia de la exposición de *Entartete Kunst* (arte degenerado) que tuvo lugar en Múnich en 1931, donde se humillaba y ridiculizaba a colegas suyos, como Otto Dix, Max Ernst, Paul Klee, Marc Chagall o Vasili Kandinski? ¿Tampoco supo de cómo se quemaron en 1939 más de cuatro mil cuadros en Berlín, en una hoguera pública? Además, un poco antes, en 1933, fueron carbonizadas en fogatas multitudinarias obras de Marcel Proust, Heinrich Heine o Thomas Mann en varias universidades. Las irracionales Leyes de Núremberg (1935) también le debieron de pasar desapercibidas. ¿Cómo es posible que no advirtiera todos estos hechos deplorables, síntomas alarmantes de una sociedad en camino hacia la debacle?

¿O el de Leni fue más bien un pacto con Mefistófeles? Su hambre de conocimiento y poder le hicieron involucrarse con las personas más peligrosas de Occidente, responsables de una ideología racista, machista, belicista y criminal, que ella misma se encargó de difundir de forma portentosa, y que condujo a la guerra más destructiva y sangrienta de la humanidad.

Son cuestiones difíciles de responder, pues las fuentes documentales que nos han llegado no son tan explícitas en ciertos detalles, y las que más datos aportan no son del todo de fiar.

Lo que sí es cierto es que Leni Riefenstahl seguirá siendo por siempre una figura controvertida, una desarraigada y fuente de fascinación continua.

En sus memorias, tanto en *Memoiren* (1987) como en su versión inglesa amputada *The Sieve of Time: the memoirs of Leni Riefenstahl* (1991), Leni afirmaba que con treinta años era todavía una ingenua, que no sabía nada de política. Hace hincapié en la impotencia del individuo frente al desarrollo de eventos poderosos de la historia, la incapacidad de una sola persona de combatir la sumisión colectiva de una sociedad mesmerizada por el nacionalsocialismo.

Pero sus majestuosas y aterradoras obras de la época nos dicen lo contrario. *Der Sieg des Glaubens* (1933), *Triumph des Willens* (1935) y *Olympia* (1938) son muy explícitas y muestran una inmersión calculada con suma precisión en el ideario nazi. Fueron ocho años los que estuvo codeándose con la cúpula del Tercer Reich y trabajando para Hitler. ¿Fueron de verdad ocho años de candor y ceguera para Leni, enfrascada únicamente en su arte? Son preguntas sin respuesta fehaciente, solo nos resta examinar los hechos atestiguados que de esa época nos han llegado.

Infesto

Helene Bertha Amalie «Leni» Riefenstahl nació en Berlín el 22 de agosto de 1902. Sus padres, que se habían casado, como popularmente se dice, «de penalti» el 5 de abril de ese mismo año, fueron Alfred Theodor Paul Riefenstahl, del Tirol austríaco, y Bertha Ida Scherlach, del norte de Polonia. Leni tuvo un hermano menor, Heinz Karl Gustav Riefenstahl, que murió con treinta y nueve años combatiendo en el frente oriental, en Letonia.

Su padre, Alfred, era dueño de una fábrica de calefacción y su madre había trabajado como costurera, por lo que podía considerarse una plácida familia luterana de clase media de la época. Alfred deseaba que tuviera una profesión «decente», por lo que la orientó hacia el negocio familiar. Sin embargo, los intereses de la pequeña Leni iban dirigidos hacia las artes: le gustaba dibujar, pintar, escribir poesía, tocar el piano y practicar deportes como la gimnasia y la natación. Su madre, Bertha, muy pronto percibió las auténticas habilidades de su hija y creyó en su talento, de modo que la animó en sus gustos, a pesar de que Alfred no lo veía con buenos ojos.

Al cumplir los dieciséis años, Leni se decantó definitivamente por la danza y, sin permiso de su padre, acudió a clases de danza clásica y gimnasia rítmica. Cuando Alfred se enteró, la encerró en un internado en las montañas del norte de Alemania, pero Leni, desde allí, se las arregló para continuar con su pasión, practicando baile y teatro al aire libre.

Su padre, viendo ya la batalla perdida, cedió ante las pretensiones artísticas de su hija, aunque no las compartiera, y después de haber trabajado como secretaria en la empresa familiar durante un par de años, Leni pudo libremente inscribirse en las escuelas de danza más prestigiosas del país. Aprendió *ballet* clásico con la rusa Eugenia Eduardova, danza expresiva en la Escuela de Jutta Klamt y en 1923 pudo asistir a la escuela de la grandísima Mary Wigman en Dresde. También recibió clases de boxeo del famoso atleta turco Sabri Mahir.

Leni estaba recibiendo educación de los mejores, por lo que no tardó en lanzarse a trabajar, que es lo que más deseaba.

Su entrega a la danza profesional fue total, y viajó por Europa junto al gran director de teatro Max Reinhardt y el productor Harry R. Sokal, ambos judíos, que acabaron huyendo a Estados Unidos a inicios de la década de los treinta. Sin embargo, comenzó a sufrir una serie de lesiones en el pie y en la rodilla que la llevaron al quirófano, y su carrera como bailarina se tambaleó. Quiso el azar que en una de sus visitas al médico viera un cartel de una película que llamó poderosamente su atención: *Berg des Schicksals [Montaña del destino]*, (1924), de Arnold Fanck, uno de los directores más reconocidos del género *bergfilm*. Así que, a partir de entonces, se propuso contactar de manera directa con Fanck y ser actriz de cine. El *bergfilm* o cine de montaña fue la puerta de entrada de Leni al universo del celuloide. Con su formación como bailarina, excepcional estado físico y carácter audaz, pronto fue una actriz habitual en los trabajos de Fanck. Y, además no utilizaba doble.

El cine de montaña fue muy célebre en la década de los años veinte y treinta en Alemania, vivió y se adaptó a la transición del mudo al sonoro, y fue, además, un género exclusivamente del país. Lo podríamos considerar como «el *western* germánico», donde el paisaje (en vez de estepas y desiertos, montañas) no era solo un telón de fondo, sino que tenía su propio protagonismo e incluso funcionaba en ocasiones como metáfora de los sentimientos de los personajes principales. Los *bergfilme* no podían presumir de grandes guiones o papeles memorables, en general resultaban películas con tramas muy sencillas y repetitivas, pero tenían mucho éxito entre el público alemán. Sus rodajes eran duros, pues exigían grabar en muchas ocasiones en condiciones meteorológicas adversas, en parajes bastante abruptos de los Alpes, y los actores debían poseer una constitución atlética y resistente. Y era precisamente eso, el drama de la superación personal en pos de un ideal, el combate heroico contra los elementos, la ambición de alcanzar las más altas cumbres y la revelación de un hombre sano, fuerte y valiente que vence con su mera voluntad todos estos retos, lo que llamó la atención de los nazis, que compartían ese mismo imaginario. *Bergfilm* y nacionalsocialismo tenían ideas en común, como el rabioso antimodernismo, de ahí que en no pocas ocasiones se lo considerara cine protonazi o directamente nazi. Sin embargo, esos puntos en común no convertían todas las obras del género de montaña en nazis. Hubo de todo.

Leni Riefenstahl aprendió mucho como actriz realizando cine de alpinismo, y fue protagonista de una de sus obras más importantes: *Der heilige Berg [La montaña sagrada]*, (1926). Pero también asimiló muchos conocimientos para quedarse tras la cámara, dirigiendo. Y así fue como en *Das blaue Licht [La luz azul]*, (1932), Leni se estrenó como directora en un filme donde las montañas y la naturaleza poseían una mágica atracción que debía protegerse. Asimismo, interpretó el papel principal. La película ganó la medalla de plata en el Festival de Venecia, y Leni comenzó a recibir invitaciones para ir a Hollywood, que rechazó.

Por supuesto, no trabajó sola, sino que contó con el teórico cinematográfico y poeta Béla Bálasz, el guionista Carl Mayer, que había trabajado en clásicos como *Das Cabinet des Dr Caligari [El gabinete del doctor Caligari]*, (1920); y el cámara Hans Schneeberger, que había realizado la iluminación en *Der blaue Engel [El ángel azul]*, (1930), de Von Sternberg. En concreto, Béla escribió parte del guion y ayudó con su experiencia a Leni en la grabación de ciertas escenas que se le hacían complicadas a la hora de interpretar y dirigir a la vez. No obstante, en 1933 los nombres de Béla Bálasz y Carl Mayer desaparecieron de los créditos por completo debido a sus orígenes judíos, se sospecha que por petición de la misma Leni.

No es un secreto que Hitler era gran seguidor del cine de alpinismo, y quedó especialmente prendado de *La luz azul* y de Leni

Riefenstahl (también llamó la atención del público de izquierdas, ojo). *La luz azul* es una película que se centra en el personaje de Junta, interpretada por Leni, una mujer que venera la naturaleza, confía en su intuición y crea un nuevo mito. ¿Cómo no iba a gustarle al Führer? Y Leni, a sabiendas de esto, aprovechó su oportunidad para entrar en la órbita de Hitler, conseguir que despegara su carrera cinematográfica y convertirse así en la única directora femenina de la Alemania nazi.

Possessio

Adolf Hitler, así como todo el ideario nacionalsocialista, se oponía a que las mujeres accedieran a posiciones públicas, y mucho menos de mando o gerencia. Las féminas eran consideradas demasiado emocionales y, por ende, incapacitadas para trabajos de responsabilidad. Pero eso no quiere decir que no pudiera hacer excepciones, como las hizo con Leni Riefenstahl. Ella se convirtió en la directora del régimen, la favorita y protegida por la cúpula del Reich. Al contrario que otros colegas cineastas, Leni trabajó de manera independiente; de hecho, tenía su propia compañía. Su posición en la industria del cine del régimen era privilegiada, nadie ocupaba un lugar como ella. Tenía línea directa con el Führer.

Sin embargo, esto no significa que no encontrara obstáculos en su camino. Por un lado, Leni no se afilió al Partido Nazi en ningún momento, lo que dificultaba la financiación de sus proyectos y levantaba recelos entre ciertos personajes del Departamento de Cine del Ministerio de Propaganda. Por otro, ella era mujer en una industria, la cinematográfica, dominada en su mayoría por hombres. Y algunos de esos hombres se negaron a trabajar bajo las órdenes de una mujer, ya que opinaban que su ámbito natural era el doméstico. Ese fue el caso del cámara Emil Schüneman, por ejemplo. Leni se enfureció muchísimo, pero al final salió ganando.

Con solo una película como directora a sus espaldas, Hitler le encomendó personalmente la grabación documental del quinto congreso del partido, el primero en Núremberg *(Reichsparteitag des Sieges)*. Se llamaría *Der Sieg des Glaubens [La victoria de la fe]*, (1933), título elegido por el mismo Führer y, aunque se dio por perdido, ya que se ordenó que fuera destruido por la fuerte presencia de Eric Röhm, comandante en jefe de las SA, ha sobrevivido gracias a un par de copias británicas y rusas. Röhm, a pesar de ser una de las figuras más preponderantes del nacionalsocialismo, fue eliminado por Hitler durante la purga política de la Noche de los Cuchillos Largos (1934). Su extrema ambición por desear integrar las Fuerzas Armadas en las SA y su notoria homosexualidad llevaron a un complot entre Himmler, Göring, Heydrich y Von Kluge, que lo acusaron en falso de querer derrocar al Führer. Lo encarcelaron y en pocas horas lo mataron a tiros en su celda.

Con cientos de asesinatos políticos llevados a cabo por la Gestapo y las SS, Hitler se atornilló en el poder, y *La victoria de la fe* quedaba como una prueba física de un pasado que no debía ya ser invocado. Leni no era tan candorosa a nivel político como quiso hacer creer; en este primer documental de propaganda nazi demuestra una evaluación perspicaz del peso de cada personalidad, así como también una metabolización perfecta de los ideales estéticos de la Alemania nazi. Ella misma admitió, no en vano, haber caído embelesada a los pies de Hitler cuando presenció su primer discurso.

Sin embargo, también es cierto que *La victoria de la fe* no se encuentra a la altura de sus obras posteriores, y a pesar de que le sirvió como manto nutritivo para ciertos planteamientos que desarrollaría más adelante, se trata de un trabajo que Leni no echó de menos; de hecho, celebró su desaparición, pues la avergonzaban sus múltiples fallos técnicos. Pero aprendió de ellos, desde luego.

Tampoco hay que desdeñar que *La victoria de la fe* acercaba todavía más a Leni al nazismo políticamente, no solo como simple comisionada, sino comprometida. Este compromiso que quedó también patente en su siguiente y colosal filme, *Triumph des Willens [El triunfo de la voluntad]*, (1935). No eran meros encargos; hay pasión, hay premeditación y reflexión en ambos trabajos, siendo el segundo la cumbre de sus obras propagandísticas y una de las más importantes y terroríficas del mundo del cine.

El triunfo de la voluntad no solo era una declaración de principios hacia el mundo y para el pueblo alemán, sino también una forma de recuperar y calmar a las SA tras su brutal represión. Y Leni ofreció eso y mucho más. Su impacto fue tal que hasta recibió respuesta desde el otro lado del Atlántico: *The Great Dictator [El gran dictador]*, (1940), la primera película sonora de Charles Chaplin. De obra maestra a obra maestra.

El triunfo de la voluntad es demoníaco, es odio, es orgullo superlativo y vanidad. *El triunfo de la voluntad* es una oda mística al nacionalsocialismo y al *Übermensch* Hitler, hecha con entusiasmo y con la concisión apropiada para extasiar y conquistar.

Leni contó con todo tipo de recursos y medios financieros para la grabación de *El triunfo de la voluntad*. No se escatimaron gastos. Y no tuvo límites artísticos a la hora de inmortalizar el sexto congreso del partido en 1934, segundo en la bella Núremberg; aplicó todos sus conocimientos y nuevas técnicas sin cortapisas. Un millón de personas desfilaron ante sus cámaras, plasmando el ambiente de venenosa euforia que se vivía por entonces en Alemania.

El nacionalsocialismo destruyó la esfera pública, hizo de la vida política un grandioso espectáculo de ingeniería social para encandilar a las masas, como bien pudo demostrar Leni, evocando una identidad comunal idealizada y nostálgica de un pasado mítico que debía recobrarse. El mundo imaginario trasciende, invadiendo el real a través de la política y la estética, y conduciendo al individuo a una especie de disociación colectiva. Ahora no es algo nuevo, pues técnicas similares se usan en publicidad, vídeos musicales o en el cine hollywoodiense; sin embargo, en los años treinta se trataba de algo revolucionario. ¿Mantener a la población en un estado alterno de anestesia y falso bienestar? ¿Habitar una sociedad sonámbula esclava de las imágenes y la ilusión donde la fe se impone a la razón? La verdad, no sé de qué me suena.

Si *El triunfo de la voluntad* fue un hito tanto en la carrera de Leni como para la historia del cine, su siguiente largometraje no iba a quedarse atrás, incluso iba a superarlo. Pero antes de la magnificencia de *Olympia* (1938), Leni aún realizó un tercer documental propagandístico nazi, de veintiocho minutos, de los que se conservan escasos diecisiete: *Tag der Freiheit: Unsere Wehrmacht [El día de la libertad: nuestras fuerzas armadas],* (1935). Este se centra en el papel del ejército, y fue grabado en el séptimo congreso del Partido Nazi, en Núremberg. Si existía alguna duda remota sobre el estrecho vínculo de Leni con el nacionalsocialismo, la existencia de hasta un tercer filme propagandístico debería despejarla.

Riefenstahl se movía con confianza entre los miembros de la cúpula del Tercer Reich, conocía a sus familias, acudía a sus fiestas y eventos, iba con ellos a la ópera o veraneaban juntos en sus villas. Se codeó con naturalidad con los más poderosos, lo hizo libremente y sin coacción, porque de esa manera también logró alcanzar gran parte de sus objetivos. No tenía por qué obedecer y, sin embargo, lo hizo; y puso al servicio del poder político su prodigioso arte.

Y no solo su arte; se tiene constancia de una discreta misión diplomática que llevó a cabo en 1936 entre Mussolini y Hitler, donde pactarían una no intervención mutua en los asuntos concernientes a la anexión de Abisinia y el *anschluss* de Austria.

¿Fue Leni amante de Hitler? Nunca lo sabremos, aunque ella lo negó tajantemente. Fueron amigos durante doce años, hasta que la relación se enfrió con la muerte de Heinz, su hermano, en 1944. Leni también afirmó que Goebbels fue su archienemigo, que procuró arruinar su carrera y que intentó abusar sexualmente de ella. Es sabido que el ministro de Propaganda era un mujeriego empedernido, que le encantaba frecuentar la compañía de la gente del mundillo del cine, y que conocía muy bien a Leni. Y Leni lo conocía a él y también a su mujer Magda, con la que solía salir a menudo. Asimismo, es de conocimiento público que Goebbels era un mentiroso redomado y experto en tergiversar información, por eso sus diarios personales tampoco podrían considerarse una fuente documental muy fiable. Según ellos, Goebbels se relacionaba con cierta asiduidad con Riefenstahl, así como con otros cineastas y actores, y Leni acudía a él en cuanto surgían dificultades en los rodajes. En su entrada del día 12 de junio de 1933, Goebbels escribió: «Es la única de todas las estrellas que realmente nos comprende». También anotó los esperables roces que surgieron entre ellos por la financiación o la falta de suministros; nada indica una animadversión en particular hacia Leni.

En la entrada del 22 de noviembre de 1934 escribe: «Leni sabe lo que está haciendo, ¡ojalá fuera hombre!», aunque meses más tarde, el 18 de septiembre de 1936, no se cortaba ni un pelo en decir: «Riefenstahl tiene quejas sobre (Hans) Weidemann. Está histérica. Otro ejemplo de por qué las mujeres son incapaces de dominar semejantes tareas».

Pero si los diarios de Goebbels no son de confianza, las memorias de Riefenstahl tampoco pueden considerarse una fuente fidedigna, pues fueron escritas sesenta años después, y ya se han demostrado varias inconsistencias históricas en ellas. Por ello, no parece factible de momento que vayamos a saber cuál fue la auténtica relación entre ellos dos.

Para la producción de *Olympia*, Leni siempre aseguró que la financiación fue independiente, suya y de su compañía, pero se ha demostrado que, en realidad, se llevó a cabo secretamente con fondos del Tercer Reich. Era interés del Ministerio de Propaganda que *Olympia* apareciera como independiente.

Fue una petición personal del Führer la que hizo que Leni realizara el documental de los Juegos Olímpicos de verano de 1936 en Berlín. Constó de dos partes: *Olympia 1. Teil — Fest der Völker* (Festival de las naciones) y *Olympia 2. Teil — Fest der Schönheit* (Festival de la belleza). Era la primera vez que se filmaban unos Juegos Olímpicos, y el discurso inaugural de Hitler también fue la primera señal humana enviada desde la Tierra al espacio exterior.

Si el *El triunfo de la voluntad* resultó un terremoto audiovisual, *Olympia* puede presumir de ser un auténtico tsunami en el que Leni pudo experimentar con técnicas innovadoras de su propia invención e introducir elementos del surrealismo, el expresionismo y otros hallazgos del cine de vanguardia soviético que expandieron el lenguaje cinematográfico hasta límites que incluso hoy en día siguen siendo admirados y emulados. Por supuesto, ella misma aparece también danzando en su etérea introducción, todo un homenaje al origen pagano de las Olimpiadas.

Olympia se estrenó en el cumpleaños de Hitler del año 1938, y Leni se embarcó en un *tour* publicitario internacional que la condujo incluso a Estados Unidos, donde defendió con fervor absoluto la figura del *Fürher*.

En *Olympia*, Leni pudo expresar sus obsesiones personales, la búsqueda eterna de la belleza, el poder, la celebración del cuerpo y el sentimiento de comunidad. Riefenstahl compuso del deseo sexual una melodía espiritual, conectando cuerpo y naturaleza en un paisaje erótico donde el fetichismo, incluso de características masoquistas, sirvió para representar el movimiento nazi. Con *Olympia* se sublimó en la idolatría de la perfección del cuerpo humano, incluso aunque no fuese ario, como fue el caso del afroamericano Jesse Owens, atleta al que Leni prestó especial atención.

Este culto al cuerpo que aparece sin ambages en *Olympia* tiene su origen en un movimiento social que nació a finales del siglo XIX en el Imperio alemán: la *Freikörperkultur*, que puede traducirse como «la cultura del cuerpo libre». Esta, a su vez, podía englobarse dentro de la *Lebensreform* (reforma vital), que congregaba diversas ideologías que exploraban una vida más unida a la naturaleza, criticando la industrialización, la vida urbana y el materialismo. Era un movimiento eminentemente burgués que buscaba un regreso romántico a la madre tierra, que abogaba por la naturopatía y el vegetarianismo; y dentro de él, la *Freikörperkultur* medró en abundancia. En la actualidad, podríamos equipararla al nudismo y naturismo, pero con el añadido de que la *Freikörperkultu*, además, subrayaba el culto al cuerpo y el ejercicio físico en todas sus modalidades.

Durante la República de Weimar, mucho más liberal y dispuesta a romper con los antiguos valores tradicionales, la *Freikörperkultur* se fue popularizando cada vez más; incluso se filmaron exitosos documentales didácticos, como *Wege zu Kraft und Schönheit [El camino de la fuerza y la belleza]*, (1925), de Wilhelm Prager, en el que incluso la propia Riefenstahl hace acto de presencia con sus maravillosas dotes deportivas.

De hecho, *El camino de la fuerza y la belleza,* que aboga, como buen fruto de la *Freikörperkultur,* por un regreso a la naturaleza y muestra el ansia por el esplendor que otorga un cuerpo humano saludable, fue un manantial de inspiración para su *Olympia.*

Porque tampoco hay que obviar que gran parte de las ideas de la *Lebensreform* y la *Freikörperkultur* fueron adoptadas por el nacionalsocialismo, tanto habían permeado en la sociedad alemana. Se dieron conferencias sobre los efectos sanadores de tomar el sol bajo «los cielos nórdicos», cuyos rayos eran capaces de «fortalecer y curar a la nación guerrera»; y se decía que vivir en las inmediaciones de bosques antiguos resultaba beneficioso para regenerar al pueblo ario. También encontramos valores de la *Lebensreform* en la infame *Blut und Boden* («sangre y tierra») y su retorno a la vida agraria y rural, que afirmaba que engendraba más niños y más fuertes.

Sin embargo, en el cine de Leni, que plasmaba los ideales estéticos del nacionalsocialismo, es el cuerpo masculino el que toma protagonismo. Es *männergesellschaft,* una sociedad de masculinidad firme y erecta, de una misoginia agresiva, donde las mujeres aparecen marginadas como simples ornamentos, objetos o espectadoras que veneran al líder. En *Olympia,* Riefenstahl se encontró en una posición realmente singular, como ente objetivo de la cámara y también como el ojo que lo controla. Y demostró tener asumido de forma natural el rol femenino en el brutal patriarcado nacionalsocialista, cosificando su propio cuerpo e incluso disfrutando de ello como buena narcisista. El arte nazi era reaccionario, desafiante ante la degeneración de la República de Weimar y profundamente antimoderno; sin embargo, Leni consiguió, siguiendo las pautas del realismo heroico, romántico y wagneriano, incrustarse en la vanguardia mundial con un academicismo depurado y unas técnicas revolucionarias. Cultura para las masas a través de vaciarla de contenido y convertirla en objeto de adoración: «Fetichización». Y, de nuevo, encontramos las semillas de este ideario en nuestro presente.

Tras el éxito rotundo tanto de propaganda como de crítica que supuso *Olympia,* el prestigio de Leni era ya indiscutible dentro y fuera de las fronteras de Alemania. A los pocos meses de regresar de su gira internacional de promoción, Alemania invadió Polonia y Leni acudió como corresponsal de guerra acompañada por soldados germanos. Presenció ejecuciones sumarias de civiles inocentes y, a pesar de que en sus memorias señala que protestó, y que incluso fue reducida con una pistola en la cabeza, semanas después no tuvo problemas en grabar la entrada triunfal de Hitler en Varsovia.

Al año siguiente, el 14 de junio de 1940, Leni envió el siguiente telegrama al dictador: «Con indescriptible alegría, profundamente emocionada y llena de ardiente gratitud, compartimos contigo, mi Führer, tu victoria y la victoria de Alemania más grandiosa, la entrada de las tropas alemanas en París. Tu persona excede lo que cualquier imaginación humana tiene el poder de concebir, logrando hechos sin parangón en la historia de la humanidad. ¿Cómo podremos alguna vez agradecértelo?».

Y con la financiación personal de Hitler y el partido, ese mismo año emprendió la filmación de un proyecto largamente acariciado, la adaptación al cine de una de las óperas favoritas del Führer: *Tiefland [Tierra baja]*, (1903). Compuesta por Eugen d'Albert y basada en la obra teatral del mismo nombre del dramaturgo, poeta y nominado al Premio Nobel Ángel Guimerá, *Tierra baja* se convertiría en el proyecto cinematográfico más caro de la historia alemana hasta ese momento.

Fue un rodaje largo, problemático e intermitente, con las continuas quejas de Goebbels por el que consideraba un despilfarro de dinero. Leni enfermó y la grabación tuvo que desplazarse de España a los Alpes. El desarrollo de la guerra tampoco ayudó demasiado, pero la polémica que se desató fue mucho peor.

El argumento, que tiene lugar en los Pirineos españoles, contaba con Riefenstahl como protagonista, que interpretaba a una bailarina errante, Martha, que caía en manos de un aristócrata cruel y déspota de las tierras bajas catalanas. Como Leni no contaba con extras que tuvieran un aspecto lo bastante mediterráneo, decidió recurrir a gitanos que se hallaban prisioneros en varios campos de internamiento, cincuenta y una personas de Maxglan-Leopoldskron y sesenta y seis de Marzahn. Después de la finalización del rodaje, fueron devueltos y enviados a Auschwitz, donde la mayoría murieron.

¿Fue una decisión ética la de Leni, de emplear a prisioneros y luego desentenderse de su futuro en los años del Porraimos y la Solución Final? ¿Fueron tratados con dignidad mientras trabajaban? Algunos dicen que sí, otros decidieron demandarla. ¿Sabía Leni lo que les iba a ocurrir? Ella lo negó, y aseveró que no le había ocurrido nada a ninguno. Por supuesto, tuvo que retractarse de su declaración en 2002 y pedir disculpas públicas.

Tierra baja no pudo ser estrenada hasta el año 1954, y aunque tuvo éxito de público y crítica en Austria y Alemania, el estigma nazi impidió que pudiera proyectarse en el Festival de Cannes. Jean Cocteau, entonces miembro del jurado del festival, se ofreció él mismo a realizar los subtítulos de la película e intentó convencer al Gobierno de Alemania Occidental para que la presentase oficialmente. Él consideraba *Tierra baja* una obra de profunda poesía que merecía más reconocimiento. Y lo cierto es que fue el primer largometraje desde *La luz azul* que no era propaganda política, y más bien mostraba ciertos rasgos antifascistas. Fue su película más personal, aunque no perfecta.

Leni Riefenstahl no pudo volver a trabajar en el cine en Occidente, a pesar de que colegas suyos, como Veit Harlan, que incluso enfrentó cargos criminales, fueron con el tiempo disculpados. No fue el caso de Leni. Jean Cocteau deseaba trabajar con ella y tenían en mente varios proyectos, pero el repentino fallecimiento del francés por un infarto agudo de miocardio truncó todos los planes.

Leni se fue a África y se dedicó a la fotografía en la actual Sudán del Sur; de hecho, obtuvo la nacionalidad sudanesa. En 1974 publicó su libro de fotografías *Die Nuba* (*Los nuba*), que tuvo una buena recepción. Siguió dedicándose a la fotografía y se mantuvo activa hasta el año de su fallecimiento, con el estreno de un documental dedicado a la vida submarina, *Impresionen unter Wasser* [*Impresiones submarinas*], (2002), su primer largometraje en más de veinticinco años. Nadie pensaba que tras *Tierra baja* volvería a dirigir de nuevo. Pero Leni fue hasta el día de su muerte, con ciento un años, una mujer vital, activa e inquieta.

Destructio

Leni fue una oportunista de extraordinario talento, muy creativa, y pocos directores de cine estaban a su altura en audacia e innovación durante esa época; Orson Welles, Luis Buñuel o Fritz Lang, quizá. Es la madre de la creación moderna de imágenes; su influencia persiste en la televisión deportiva contemporánea o en el arte publicitario. Es meridiano que George Lucas o Steven Spielberg aprendieron mucho de sus trabajos, y no solo ellos, por supuesto.

Pero ¿es posible separar el arte de su contenido? Leni tuvo un poder enorme durante el Tercer Reich, fue la cineasta más visible del régimen nacionalsocialista, y no por casualidad. Nadie niega que Leni fuese una eterna cazadora de belleza, y ella misma siempre intentó eximirse de cualquier responsabilidad acudiendo al principio de la estética idealista del *ars gratia artis* o «el arte por el arte». No obstante, ¿es el arte completamente autónomo?, ¿no hay conexión entre arte y moralidad?, ¿debe considerarse el arte de forma aislada del mundo político y su contexto? En el caso de Leni es un poco más complicado, ya que parte de sus trabajos *son* políticos, no pueden desligarse.

Leni era inteligente y razonaba por sí misma, no formaba parte del engranaje administrativo del Reich, nadie la obligó a crear esas maravillosas obras al servicio de una ideología maligna y perversa. En efecto, Leni consiguió realizar películas gracias a sus amistades políticas, y su especial situación en el cine de la Alemania nazi se debía a que era más animal político de lo que reconocía. ¿Hubiera sido posible que un individuo apolítico o que no tuviera simpatías por el nazismo llegara a algún lado durante el Tercer Reich? Improbable.

Solo después de la Segunda Guerra Mundial, Leni se vio en la necesidad de justificarse, recuperar su reputación y argüir, a pesar de las evidencias, que su arte debía separarse de la política, que su legado debía juzgarse con base a sus contribuciones técnicas. Según sus propias declaraciones en el documental *The wonderful horrible life of Leni Riefenstahl* (1993), a ella le era indiferente filmar frutas, vegetales o nazis.

¿En serio, Leni?

ESPEJO XI

Canaima

Manifestatio

Treinta mil kilómetros cuadrados de paraíso al sudeste de Venezuela, una reserva natural con un medio biológico único en el planeta. Jungla, agua, piedra. Es el lugar donde «las leyes ordinarias de la naturaleza se suspenden», en el que Arthur Conan Doyle se inspiró para crear su célebre *El mundo perdido* (1912). Un espacio donde montañas alucinantes dejan caer desde sus cumbres de más de dos mil metros ríos y manantiales, creando los saltos de agua verticales más impresionantes del mundo. Porque «montaña» es la traducción de la palabra *tepuy,* que es como se designan, utilizando la palabra en lengua pemón, este tipo de mesetas que se extienden por todo el escudo guayanés no formando una cadena común, sino de manera aislada, creando ecosistemas únicos. Los *tepuyes* están constituidos por areniscas, cuarcitas, granitos y algunos lechos de pizarra, y son las formaciones expuestas más antiguas de la Tierra, de la era precámbrica; son ejemplos muy claros de relieves invertidos, formados por los restos erosionados de antiguos sinclinales. Los *tepuyes* son planos en sus cimas, y poseen unos escarpes verticales de cornisas insalvables. Su belleza es sobrecogedora.

Y este paraje extraordinario alberga la caída de agua más alta del planeta: el Salto de Ángel. La caída de un ángel, con toda su belleza tornasolada e incorpórea, de brumas y lluvias tropicales, novecientos setenta y nueve metros de caída desde la cima del Auyantepuy o «montaña del dios del Mal». Su nombre en lengua pemón, *Kerepakupai-merú,* significa «salto del lugar más profundo».

Hay muchas más cascadas, por supuesto, como el Salto Yutajé, el Salto Ucaima o el Salto del Sapo; así como otros *tepuyes* de misteriosa belleza, como el famoso Roraima, el *tepuy* Ptarí o el Kukenán, funesto entre los pemones y al que llaman *Matawatepuy*, que significa «subir para morir». Kukenán está custodiado por criaturas invisibles y es conocido como el *tepuy* de los suicidas.

Y en este rincón privilegiado de la Tierra vive desde hace siglos el pueblo pemón, que considera los *tepuyes* sagrados y morada de sus dioses. Este es su hogar ancestral, y recibió en 1962 el nombre de Parque Nacional de Canaima. Y es Patrimonio de la Humanidad desde 1994.

Y la pregunta surge por sí sola: ¿cómo es posible que el edén recibiera el nombre de la mayor fuerza maligna de la tradición mitológica del pueblo pemón? Porque Canaima es la esencia pura del mal entre los pemones y demás pueblos que pertenecen al mismo ámbito geográfico, el de la Guayana. No solo en Venezuela, sino entre otros pueblos del interior de Guyana y Brasil. Para ellos Canaima es la calamidad, la locura, la violencia, la muerte. Un concepto harto complejo, y que puede describir tanto un espíritu como a una persona o un ritual. ¿Por qué se le puso al cielo el nombre del diablo?

Como no podía ser de otra forma, este despropósito tuvo sus raíces en la intromisión del europeo y sus descendientes, los orgullosos criollos, en asuntos de los que no tenían ni repajolera idea.

Infesto

Félix Cardona Puig (1903-1982) fue el primer europeo en contemplar en 1927 el *Kerepakupai-merú* o Salto de Ángel. Español de nacimiento, viajó a Venezuela al poco de concluir sus estudios en la Escuela Náutica de Barcelona, y se convirtió en el mayor explorador de la Guayana Venezolana, en su época un territorio prácticamente ignoto. Se enamoró del lugar, y junto a su amigo Joan Mundó Freixas, se dedicó a cartografiar esa inmensa región. Pasó gran parte de su vida entre los pueblos que la habitaban, aprendiendo sus lenguas, como las sáliba-piraoa o el ya casi extinto arutani, recopilando sus costumbres y leyendas, así como colaborando con el Gobierno venezolano, como botánico explorador, en la fijación de las fronteras del país. Gracias a él, decenas de nuevas especies vegetales pudieron ser catalogadas.

En 1937, el estadounidense Jimmie Angel, entusiasmado por las expediciones de Cardona, decidió ir a buscar oro a la zona, y solicitó sus servicios como guía para sobrevolar el gran salto de agua. Unos meses más tarde, en el mismo año, Angel decidió aterrizar en la cumbre del Auyantepuy, mientras Cardona se quedaba en la base de la meseta. Lo consiguió a medias, ya que más bien estrelló su avioneta. Y, aunque no hubo que lamentar pérdidas personales, Cardona tuvo que organizar el rescate de Angel y cuatro personas más, un rescate que duró once días. Este accidente y su protagonista dieron a conocer a nivel popular la maravilla natural de *Kerepakupai-merú*, que recibió a partir de entonces el nombre de Salto de Ángel. La región era ya un reclamo para aventureros, románticos, emprendedores de todo pelaje y sinvergüenzas, pero el impulso de Jimmie Angel lo aumentó todavía más. Es algo que el presidente de Venezuela y escritor Rómulo Gallegos (1884-1969) dejó muy bien plasmado en su novela *Canaima* (1935), que tuvo su adaptación cinematográfica, *Canaima, dios del mal* (1945), protagonizada por Jorge Negrete.

En su libro, como claro ejemplo del «regionalismo literario» en pleno apogeo, Gallegos narra las hazañas y desventuras del joven Marcos Vargas, de Ciudad Bolívar. Después de terminar sus estudios en Trinidad, Marcos decide lanzarse a la aventura del caucho en la Guayana. Deslumbrado con las fantasías de una selva virgen por explorar llena de riquezas, más temprano que tarde descubre las consecuencias catastróficas de la explotación de los recursos naturales y hasta dónde puede llegar la codicia, la corrupción y la ambición del hombre. Hastiado, abandona su sociedad de origen y se va a vivir con los makiritares, donde toma mujer y tiene incluso un hijo.

Canaima, además de ser una denuncia del caudillismo imperante, estampa esos momentos de crisis en los que las culturas locales e indígenas se enfrentaron con la imparable modernización del país. La periferia debía integrarse en el desarrollo económico nacional. Y se trata de un problema que persiste en la actualidad. El Arco Minero del Orinoco, que no es más que una zona de explotación irregular y trabajos precarios que se ha llevado por delante ya a más de un centenar de vidas desde que lo institucionalizó Nicolás Maduro en 2016, ocupa en su mayoría el Parque Nacional de Canaima. El pueblo pemón se encuentra directamente afectado por la minería legal e ilegal de oro, coltán, bauxita, diamantes o cobre; su hogar, su modo de vivir y sus propias vidas están amenazadas por el mismo Gobierno que se supone que debe ampararlos. Todo esto condujo a una violenta reyerta entre militares de las explotaciones mineras y manifestantes pemones en febrero de 2019, que se saldó con la muerte de tres personas. El territorio, además de ser Parque Nacional y Patrimonio de la Humanidad, a partir de 1991 fue calificado como espacio natural protegido con el nombre de Monumento Natural Formaciones de Tepuyes. Una triple protección que es papel mojado para el Gobierno venezolano.

En *Canaima*, Gallegos idealiza la Guayana al evocar el concepto de un *canaima espiritual* que extiende su maldad a través de los buscadores de oro o los caucheros, pero que, a la vez, permite el viaje iniciático de Marcos. Un viaje en el que incluso llega a actuar como un jaguar. Cuando el dictador Juan Vicente Gómez (1857-1935) concedía la explotación de campos de petróleo a compañías extranjeras, Gallegos creaba un personaje que, decepcionado, decidía refugiarse de la apisonadora de la industria en los brazos de la selva.

De este modo, la región donde tiene lugar la novela acaba personificándose bajo el nombre de Canaima, y en 1962 el Gobierno venezolano escoge el título de esta segunda novela de Gallegos para designar su parque nacional. Da la sensación de que cuando Gallegos arrancó el *canaima* de su contexto guayanés para usarlo como recurso literario, dio permiso al Estado para añadirlo a su manual de ejercicios. Con el paso de las décadas, Canaima incluso se convirtió en el sistema operativo informático de la Administración pública, un símbolo de identidad nacional. Se ha politizado de manera torpe e indiscriminada un concepto que para la mayoría de los antropólogos está todavía por dilucidar, pero que, sin ningún tipo de duda, designa el mal. Y, mientras tanto, se abusa de los pueblos de los que procede su noción.

El pueblo pemón, por supuesto, se ha echado las manos a la cabeza, porque el mero uso de la palabra *canaima* o *kanaima* invoca su poder. Y no es algo bueno, es muy malo. Además de que demuestra una falta de respeto absoluta hacia todos los pueblos que comparten sus mismas creencias, algo que ya se sospechaba desde hace un tiempo.

Pero ¿qué es *canaima*? No es una pregunta sencilla de responder.

Possessio

Hay pocos especialistas que hayan estudiado en profundidad
este concepto, y cuando se ahonda en él hay dos nombres que
sobresalen: los antropólogos Neil L. Whitehead (1956-2012) y
Tarryl Janik, de la Universidad de Wisconsin Madison y la Universidad de Wisconsin Milwaukee, respectivamente. Pero antes
de hablar de ellos y su labor, veamos cómo podemos empezar a
bosquejar la idea de *canaima* o *kanaima*.

Según Gallegos en su propia novela, Canaima es «la sombría
divinidad de los guaicas y makiritares, el dios frenético, principio
del mal y causa de todos los males». A través de la magia, introduce en el mundo la mentira, la discordia, las enfermedades y la
muerte. Canaima es metamorfo, puede tomar la forma que de-
see; de hecho, la de un enorme murciélago tiene su leyenda entre
el pueblo pemón. Según cuentan, en la meseta de Guaquinima,
que los pemones llaman Maripatepuy o «meseta del murciélago», hay una gran cueva donde residían un murciélago colosal y
toda su progenie. Todas las comunidades de la región sentían un
terror reverencial que les obligaba a hacerle ofrendas humanas
con las que se alimentaba. No obstante, un valiente guerrero,
deseoso de finalizar con el monstruoso tributo, descubrió la ubicación de la cueva y, con una flecha envenenada, lo mató. Pero,
aunque Canaima puede tomar la forma de un murciélago y ese
murciélago ser mortal, Canaima no lo es.

Canaima es el mal insomne que aguarda en la espesura de la
selva, es un espíritu maligno que posee a las personas y las somete a una furia asesina. Los criminales y los que buscan venganza

lo invocan a través de ciertos rituales e ingesta de drogas para que los posea y guíe en la consecución de sus planes. Sin embargo, Canaima acecha a todos sin diferencia y sin descanso, porque al final es el único vencedor y destructor. Canaima es la enfermedad, la desgracia, la muerte de la que nadie escapa. De hecho, el pueblo pemón atribuye la mayoría de sus fallecimientos a ataques de Canaima. Para los arecuna, un grupo del pueblo pemón, Canaima es imaginado como un indio misterioso vestido de noche sin luna, que habita en las zonas más secretas de la selva y que aparece con distintas formas y nombres, siempre con un garrote de tres filos en la mano y una tapara con jugo venenoso de yuca amarga. Dispuesto a matar.

El escritor venezolano José Bertí (1891-1958) conoció muy bien el «infierno verde» de la selva guayanesa. Dedicó muchos años a la explotación aurífera y de la balatá con éxito, y con las vivencias y experiencias que acumuló escribió varias novelas autobiográficas sobre la región, como *Hacia el oeste corre el Antabare* (1945), *Espejismos de la selva* (1947), *Oro y orquídeas* (1957) o *El motor supremo* (1957). En la primera de ellas, Bertí hace notar la presencia de Canaima entre los arecunas, pueblo con el que convivió largamente. Los arecunas se creen inmortales, pero esa inmortalidad tiene un enemigo tenaz e insaciable del que deben cuidarse en cada paso de su vida. La muerte no es nunca natural o accidental, no es fruto de la biología o del paso del tiempo, ellos son inmortales, recordemos. La muerte posee una única causa: Canaima. Porque Canaima es muerte. Y este ser polimorfo y diabólico siempre anda al acecho, resulta imposible escapar de él. Canaima se encuentra en todas partes, en las cumbres de las montañas, en lo profundo de las cañadas, bajo las aguas u ondulando en el aire; Canaima hostiga, oprime, destruye de manera infatigable e implacable. Hay un sonido particular que precede su ataque, una especie de hórrido silbido, «soe, soe», que hace temblar de angustia a todo el que lo escucha.

Sin embargo, el concepto de *canaima* o *kanaima* no es exclusivo del pueblo pemón, sino que se extiende en una geografía muy particular entre el río Orinoco y el Amazonas, y desde el Río Negro hasta el Atlántico; un espacio remoto y aislado, cubierto por la mayor masa forestal inalterada del mundo, lejos de la «civilización», pero a su vez amenazado por ella. Allí, en la confluencia de Brasil, Venezuela y Guyana, los pueblos patamuma, makushi, wapishana, akawaio, karinya y pemón, entre otros, todos ellos kalinagos (caribes), crearon un sistema de creencias común donde el mal tiene el nombre de *canaima* o *kanaima,* y cuya complejidad abarca desde una fuerza de la naturaleza, un tipo de magia, el chamán que la realiza y los ritos que se ejecutan. Y todo ello forma parte de la identidad de estos pueblos.

Acudiendo a la sapiencia de Neil L. Whitehead, *Kanaima* es «una fuerza primordial que ha estructurado el universo y conformado el mundo tal como lo conocemos. Es más antiguo que la guerra o que la sociedad misma». Se encuentra más allá del espacio y el tiempo, y esa dislocación es «parte integral de su enorme fuerza simbólica y ritual». Para sus practicantes resulta en la «capacidad de viajar grandes distancias en muy poco tiempo o alargar su vida a través de prácticas rituales». Y estas prácticas rituales exigen matanzas rituales, un uso brutal de la violencia que difundió, y sigue propagando, un terror profundo entre los antiguos colonos europeos y los actuales habitantes del escudo guayanés, incluso entre los propios pueblos kalinagos. El antropólogo Tarryl Janik lo denominó «cosmología de la intimidación», y sus tentáculos pueden traspasar fronteras y viajar más allá de la Guayana, pues el terror y la imaginación siempre andan juntos de la mano. De hecho, la imaginación es imprescindible para la generación y difusión del miedo.

Pero no ha sido hasta hace poco que hemos podido atisbar algo de la verdadera naturaleza y trascendencia de *canaima,* y aún sigue siendo un enigma en muchos aspectos. *Canaima* es un secreto a voces, y su omnipresencia y ausencia simultáneas en el terreno lo convierten en un problema serio a la hora de investigarlo.

En la literatura colonial, *canaima* tomó la forma de asesinato vengativo, un sistema codificado de *vendetta,* una «justicia de la selva» que regula y castiga a los criminales, una especie de mecanismo para mantener el orden social. En resumen, una forma primitiva de legislación. Y su brutalidad, por un lado, la hace enemiga del desarrollo y progreso de los países, como símbolo del salvajismo que hay que erradicar; y, por otro, su violencia irracional la vincula con Satanás, con el diablo, ocupando también un lugar junto a otros terrores folclóricos, como los hombres lobo, los vampiros o los zombis. Pero, por supuesto, no se trata más que de una interpretación superficial y capciosa que favoreció los propósitos de españoles, neerlandeses, portugueses y franceses. Los indios «buenos» eran los taínos de la costa, amistosos y tranquilos; sin embargo, los kalinagos del interior de la jungla eran belicosos, agresivos y caníbales. Una acusación que justificó miles de tropelías en América, aunque en el caso que nos atañe, el de *canaima,* era real.

Destructio

Canaima es una forma muy tenebrosa de chamanismo y magia negra, y el que la practica también recibe ese nombre. Según los patamuma, los *canaimas* son personas que se entregan al *kaiku-si-yumu* (espíritu del jaguar), dejan que los posea y a través de *binas* (hechizos de sustancias de plantas) y *taleng* (magia de las «palabras de fuego») obtienen fuerzas sobrenaturales para poder realizar actos extraordinarios, como abandonar su cuerpo físico y poseer el de otros, también animales, o viajar cientos de kilómetros en segundos. No obstante, el más importante de ellos es el ritual *canaima*. Los *binas* y el *taleng* no son más que herramientas, pueden utilizarse también para curar y hacer el bien, pero los *canaima* no eligen esa opción.

Los *canaimas* pueden pertenecer a una misma familia; de hecho, personas nacidas con ciertas dotes espirituales son susceptibles de convertirse en *canaimas* si reciben el adiestramiento adecuado, y el conocimiento puede pasar de una generación a otra. También se habla de poblados enteros de *canaimas;* sin embargo, hay que destacar que se trata de una actividad de consolidación de la masculinidad a través de la violencia extrema. Es muy muy raro hallar mujeres *canaima*. No obstante, podemos encontrar una *canaima* femenina en la extraordinaria novela *The ventriloquist's tale* (1997), de la escritora guyanesa Pauline Melville (1946). En ella, el personaje de Beatrice McKinnon, cuya madre es wapishana y de nombre Maba (muy significativo, como veremos más adelante), decide encarnar al *canaima* como símbolo de poder y venganza sobre el hombre colonizador, el jesuita padre Napier. No se trata solo de una venganza personal, sino cultural. En su obra, Melville reescribe el mito, otorgando el poder a lo femenino, y hace guardianas y protectoras de la tradición oral y las prácticas mágicas a las mujeres, que ven en Napier una amenaza manifiesta hacia su cultura y forma de vida.

Neil L. Whitehead fue muy explícito en su descripción del ritual *canaima,* que ya de por sí resulta escalofriante. El *canaima* invoca al espíritu del jaguar en él para hacerlo más fuerte, más rápido, más silencioso. El jaguar es un cazador oportunista y solitario al que le gusta preparar emboscadas más que la persecución. En verdad es uno de los mayores expertos en emboscadas del mundo animal. Y así actúa el *canaima,* cuyas víctimas suelen ser mujeres o niños. En primer lugar, acecha a su presa, generalmente en lugares solitarios de la selva o cuando se encuentra sola en su casa, siempre de noche. Los primeros ataques, con algún hueso roto, articulaciones dislocadas o golpes en el cuello y la espalda, son solo el preludio. Este «cortejo» fatal puede durar meses e incluso años, en los que la víctima, su familia y comunidad se ven sometidos a un estado de terror continuo.

Cuando el *canaima* decide efectuar su ataque final, no es para provocar una muerte rápida, sino agónica. De nuevo, en algún lugar poco concurrido de la jungla, asalta a su víctima dejándola inconsciente. A continuación, con la ayuda de los colmillos de algún tipo de serpiente, le arranca la lengua; después, le introduce una cola de armadillo o iguana en el recto para que los músculos anales se puedan dilatar y aflojar, frotándolos repetidamente. Es entonces cuando, al presionar con fuerza el estómago, una sección del esfínter puede forzarse a salir y cortarse. A continuación, con el tracto anal abierto, se introducen, lo más profundamente posible, paquetes de hierbas, que fermentarán en su interior.

Al finalizar estos procedimientos, la víctima es incapaz de hablar ni de comer, y la muerte, muy dolorosa, sucede por deshidratación, oclusión intestinal o diarrea en los siguientes dos o tres días.

Pero el ritual no acaba aquí. Para calmar al espíritu del *kaikusi-yumu* o jaguar que hay en su interior, el *canaima* debe alimentarlo. Si no lo hace, se volverá loco *(sobai)*, por lo que buscará el enterramiento de su presa y esperará unos días hasta que haya alcanzado un grado de putrefacción adecuado. Hasta que esto sucede, el *canaima* es vulnerable y puede ser exterminado por los familiares de la víctima, de modo que suele esconderse en la espesura de la selva. Si nadie lo atrapa y el cadáver no está bien protegido, el espíritu del jaguar podrá ser amansado de la siguiente manera: el *canaima* insertará una cánula larga de madera en el ombligo del cuerpo y sorberá sus jugos pútridos, llamados *maba*. Esta palabra significa «como la miel», y es así como se describe su sabor. Los efectos del *maba* son mórficos y psicotrópicos, y con ellos el jaguar podrá descansar satisfecho y ser purgado del cuerpo del *canaima*. Si el cuerpo del muerto ha sido lo bastante «dulce», el *canaima* regresará para recolectar algunos huesos o, con preferencia, una sección del tracto anal, que le servirá para localizar con su magia de la muerte otras nuevas víctimas. Para los *canaimas,* consumir la necrosis del cuerpo de su presa es un deber cultural que les permite acceder a una especie de conciencia chamánica, comunicarse con los dioses e incrementar su propio poder.

Existen otras comunidades, ajenas a las de la Guayana, que poseen ritos muy parecidos, como es el caso del pueblo Warao, que vive en el delta del Orinoco, Trinidad y Tobago, Guyana y parte de Surinam. Su *hoaratu,* figura equivalente al *canaima* chamán, sirve a su dios principal, Hoebo, señor de la muerte y gobernante de la Tierra de la Oscuridad. Hoebo y su Tierra de la Oscuridad han existido desde el inicio del universo, y el *hoaratu* tiene el deber de procurarle víctimas como sacrificio para sostenerlo. El ritual exige que el *hoaratu* sorba con una cánula la sangre del cadáver de la víctima ofrecida.

Neil L. Whitehead comenta que «a través de la muerte y consumo ritual del *maba* de la víctima del *canaima,* se asegura la conservación del cosmos. La víctima no es solo físicamente destruida, sino que es consumida también a nivel espiritual al convertirse en la comida de los dioses». También añade que «es la forma más directa de ser uno con los dioses. Morir como víctima de este ritual no es agradable, pero es una buena manera de morir. Si los dioses son alimentados, alimentarán a los demás y asegurarán la generosidad de la tierra y de los ríos». Se trata de un universo, el de la Guayana, lleno de dioses depredadores y espíritus cuya hambre feroz se sacia con humanos.

Ahora mismo *canaima* es un potente símbolo de la continuidad del pasado, una afirmación de la autonomía de los pueblos de la Guayana, un acto de resistencia que ha sabido encajar intensas fuerzas colonizadoras, como mineros, misioneros, evangelistas entusiastas, caucheros o Gobiernos que, en pos del progreso y la modernización, quieren asimilarlos y destruirlos. *Canaima* es una declaración de «hipertradición», como dice Tarryl Janik, un escudo de terror y violencia frente a un mundo exterior de terror y violencia también.

ORAL MISIVA DE GRATITUD A LOS ALTOS GUÍAS

Todo mi agradecimiento a san Bartolomé, pues el mal nada
pudo hacer en su presencia.
Mil plegarias para los arcángeles. La corrupción no pudo
traspasar sus alas protectoras.
Mi corazón entero para corresponder a los maestros
ascendidos, pues su alta iluminación nos ha ayudado.
Mi espíritu completo para las hadas y demás seres feéricos,
que nos han acompañado y mimado en el transcurso de este
viaje iniciático hacia los oscuros destinos del más allá,
permitiéndonos retornar.
La humildad de mi ser ofrezco a los maestros nahuales,
que también vigilantes como sus avatares han custodiado
nuestro progreso a través del terror.
Gran deuda contraída con los apus,
pues sin su protección jamás hubiésemos hallado el camino de
vuelta a la luz, tal y como el indio no encontraba la senda al
Kay Pacha.
Correspondencia total a santa Coloma, patrona de todas las
brujas,
que nos has protegido como el gran oso de las Galias hizo
contigo.
Gracias a los cuatro dragones por su amparo.
A Byakkao, el gran tigre blanco,
que nos defendió de las tempestades de los demonios del Oeste.
A Gembu, la tortuga serpiente,
que nos ocultó con su caparazón de los seres infernales que
pueblan la Tierra del Norte.

A Suzaku, el fénix inmortal,
que veló por nosotros contra los males que llegaban desde el
cálido Sur.
Y a Seiryû, el gran dragón azul,
que no permitió en ningún momento a los malignos espíritus
marinos alcanzarnos con su crueldad desde las retiradas
Tierras del Oeste.
Gracias a san La Muerte, en vos confío.
Gracias, san Judas, siempre conmigo.
Gracias, san Benito, los demonios te temen.
Gracias al Niño Cristero, pues nunca permitirás que suframos
como tú lo hiciste.
Gracias a san Jesús Malverde, pues tu caridad es detestada
por el mal.
Gracias y total respeto, por qué no, a los poderes oscuros y
desconocidos por habernos permitido conocer sus secretos a
través de estas páginas.
Amén.

JOAN ROSELL, BRUJO, ESCRITOR Y CHEF

AGRADECIMIENTOS

A David Cuevas, por su inexplicable fe en mí. Sin su insistencia y proverbial obstinación este libro no existiría.

A Jesús Ortega, por acordarse de mí de vez en cuando.

A Joan Rosell, por su magia. Siempre.

A Anahí Haal, por su apoyo y serenidad constantes desde la distancia.

A Enrique Sánchez, por su paciencia.

A Isis y Hermes, por todo.

BIBLIOGRAFÍA

BARRON, A. «Kanaima and the Oral Tradition in Pauline Melville's 'The Ventriloquist's Tale'», *Journal of Caribbean Literatures*, 2011, vol. 7, n.º1, págs. 1-13.

BONET, E. *Genocidio del pueblo yazidí*, Málaga: Última Línea, 2020.

CONCOSTRINA, N. *Muertes ilustradas de la humanidad: Polvo eres II*, La Esfera de los Libros, Madrid, 2012.

CULBERT, D. «Leni Riefenstahl and the diaries of Joseph Goebbels». *Historical Journal of Film, Radio and Television*, 1993, vol. 13, n.º 1, págs. 85-93.

— «The New Goebbels Diary Entries and Leni Riefenstahl». *Historical Journal of Film, Radio and Television*, 2007, vol. 27, n.º 4, págs. 549-559.

DUMÉZIL, G.DUMÉZIL, G. *Gods of the Ancient Northmen*, Berkeley: University of California Press, 1973.

— *Los dioses soberanos de los indoeuropeos*Herder Editorial, Barcelona, 1999.

FERNÁNDEZ, A. «La deidad del mal en la mitología indígena», *Mitos, Cuentos, Leyendas y Anécdotas de Guayana* (blog), 3 de agosto de 2013. <http://mitoscuentosleyendasanectotas.blogspot.com/2013/08/la-deidad-del-mal.html>.

FROST, M. *La historia secreta de Twin Peaks*, Planeta, Barcelona, 2016.

GAIMAN, N. *Mitos nórdicos*, Destino, Barcelona, 2017.

GALLEGOS, R. *Canaima*. Casa Editorial Araluce, Barcelona, 1935.

GURALNICK, P. *Searching for Robert Johnson*, Pimlico, Londres, 1998.

HARRIS, P. «Hollywood Tackles Hitler's Leni», *The Guardian*, 29 de abril de 2007. Recuperado el 2 de junio de 2015.

HARTWIG, M. «The Allure of the supernatural: Twin Peaks and the transformation of the detective story». *Detective Fiction and Popular Visual Culture*. Eds. Cecile Sandten, Gunter Süß y Melanie Graichen, WVT, Tréveris,2013, págs. 139-156.

Janik, T., 2018. «A Return to Dark Shamans: Kanaima & the Cosmology of Threat» (tesis). *Theses and Dissertations,* 1834. University of Wisconsin Milwaukee.

LANCEROS, P. «Loki: la sombra diabólica», *Páginas de Filosofía,* 1999, vol. 6, n.º 8, págs. 13-29.

LILLO ORTIZ, S. *El Silmarillion y los padres de la Iglesia*, Sociedad Tolkien Española, Premios Ælfwine de ensayo, 2020.

LOIPERDINGER, M. y CULBERT, D. «Leni Riefenstahl, the SA and the Nazi Party Rally Films, Nuremberg 1933-1934: 'Sieg des Glaubens' and 'Triumph des Willems'», *Historical Journal of Film, Radio and Television,* 1988, vol. 8, n.º 1, págs. 3-38.

LÓPEZ, P. «El maltratado cadáver de Niccolò Paganini». *Anécdotas de Cine, Música y Arte*, 15 de diciembre de 2020. <https://anecdo tasdecinemusicayarte.blogspot.com/>.

MANZOCCO, R. *Twin Peaks. David Lynch e la filosofia. La loggia nera, la garmonbozia e altri enigmi metafisici*, Milán: Mimesis Edizioni, 2009.

MARLOWE, C. B. «La trágica historia del doctor Faustus», *Obra completa: teatro y poesía*. Barcelona: Penguin Clásicos, 2015.

MELVILLE, P. *The Ventriloquist's tale*. Londres: Bloomsbury Publishing, 1998.

MÜLLER, R. *Die Macht der Bilder; Leni Riefenstahl* (documental), Navarro, A. J (ed.), 1993. *El demonio en el cine: máscara y espectáculo*, Valdemoro (Madrid): Valdemar, 2007.

PAJARES ALONSO, R. L. *Leyendas y cotilleos sobre los grandes compositores: las mentiras que nos siguen contando,* Madrid: Visión Libros, 2019.

PIRSIG, ROBERT M. *Zen y el arte del mantenimiento de la motocicleta*, Madrid: Sexto Piso, 2015).

RODI, R., y RIBIC, E. *Loki*. Madrid: Panini Cómics, 2005.

SAUNDERS, T. «Filming the Nazi Flag: Leni Riefenstahl and the Cinema of National Arousal». *Quaterly Review of Film and Video*, 2015, n.º 0, págs. 1-23.

SCHULTE-SASSE, L. «Leni Riefenstahl's Films and the Question of a Fascist Aesthetic». *Cultural Critique*, 1993, n.º 18, págs. 123-148.

SIMONSON, L.; CLAREMONT, C.; GRUENWALD, M.; SIMONSON, W.; BOGDANOVE, J.; SILVESTRI, M., *et al.* *Marvel Gold. La Imposible Patrulla-X 9: Inferno.* Girona: Panini Cómics, 2022.

TEGEL, S. «Leni Riefenstahl: Art and Politics», *Quaterly Review of Film and Video*, 2006, n.º 23, págs. 185-200.

THE H. P. LOVECRAFT Wiki. <https://lovecraft.fandom.com/wiki/Wiki>.

TOLKIEN, J.R.R. *El Silmarillion*, Minotauro, Barcelona, 1984.

— *Cartas*, Minotauro, Barcelona, 1993.

— *El Anillo de Morgoth*, Minotauro, Barcelona, 1993.

VON GOETHE, J. W. *Fausto*, Ediciones Cátedra, Madrid, 2005.

WHITEHEAD, N. L. *Dark Shamans: Kanaimà and the Poetics of violent death*. Durham: Duke University Press, 2002.

WHITEHEAD, NEIL L. «The sign of Kanaimà, the space of Guyana and the demonology of development», *Cahiers des Amériques Latines*, 1997, n. º 43, págs. 67-85.